VALTER ASSIS

RH
DIRETO AO PONTO

Copyright© 2016 by Editora Ser Mais Ltda.
Todos os direitos desta edição são reservados à Editora Ser Mais Ltda.

Presidente:
Mauricio Sita

Capa:
Estúdio Mulata

Diagramação e projeto gráfico:
Cândido Ferreira Jr.

1ª Revisão:
Cristiana de Oliveira Chaves

2ª revisão e preparação de texto:
Maria Luiza Xavier Souto

3ª revisão
Samuri José Prezzi

Gerente de Projetos:
Gleide Santos

Diretora de Operações:
Alessandra Ksenhuck

Diretora Executiva:
Julyana Rosa

Relacionamento com o cliente:
Claudia Pires

Impressão:
Rotermund

Dados Internacionais de Catalogação na Publicação (CIP)
(Câmara Brasileira do Livro, SP, Brasil)

```
Assis, Valter
    RH direto ao ponto : rompendo preceitos /
Valter Assis. -- São Paulo : Editora Ser Mais,
2016.

    "Inclui kit de ferramentas"
    Bibliografia.
    ISBN 978-85-63178-96-1

    1. Administração de pessoal 2. Desempenho
3. Recursos humanos - Administração I. Título.

16-01558                              CDD-658.3
```

Índices para catálogo sistemático:

1. Recursos humanos : Gestão : Administração de
   empresas   658.3

Editora Ser Mais Ltda
Rua Antônio Augusto Covello, 472 – Vila Mariana – São Paulo, SP
CEP 01550-060
Fone/fax: (0**11) 2659-0968
site: www.editorasermais.com.br
e-mail: contato@revistasermais.com.br

**LIVROS DA COLEÇÃO RH
DIRETO AO PONTO:**

ROMPENDO PRECEITOS

EMPREENDEDORISMO

INCLUSÃO SOCIAL

Agradecimentos

Agradeço a todos os meus amigos que, direta ou indiretamente, acreditaram neste projeto e me apoiaram na elaboração deste livro.

Sumário

Introdução ——————————————— 9
VALTER ASSIS

Capítulo 1 ——————————————— 15

EVOLUÇÃO DOS MODELOS DE GESTÃO
- Melhores Práticas de Pessoal (MPP) -1990
- Consultoria Interna de RH - 2000
- Gestão do Capital Humano - 2010
- Sócio Estratégico do Negócio - 2010

Capítulo 2 ——————————————— 31

RECURSOS HUMANOS X DEPARTAMENTO DE PESSOAL
- Atividades e Responsabilidades de RH e DP
- Case 1: Os profissionais de RH são subservientes?
- Case 2: Imagem de RH burocrata que não agrega valor?
- Case 3: Ilustrando as diferenças entre RH e DP
- Missão de RH - Dois elementos chaves na definição

Capítulo 3 ——————————————— 55

NOVAS COMPETÊNCIAS DE PROFISSIONAIS GLOBAIS
- Case 1: Uma missão a cumprir - empresa multinacional
- A competência em ação: Análise e solução de problemas
- Novas competências que agregam valor
- Exercícios de reflexão e aprendizagem

Capítulo 4 ——————————————— 75

ROMPENDO PRECEITOS E ORIGINANDO NOVOS PARADIGMAS
- Case 1: O dono da festa
- Case 2: A festa é de todos
- Case 3: Fazer os "gols" ou "carregar" a bola?
- Indicadores de resultados de RH

Capítulo 5 ———————————————————— 95

APRESENTAÇÕES COM INDICADORES DE RESULTADOS
- Isso aconteceu comigo
- Isso pode acontecer com você também
- Quem já viu este filme?
- Exercícios de reflexão e aprendizagem

Capítulo 6 ———————————————————— 107

SÓCIO ESTRATÉGICO DO NEGÓCIO
- Case 1: Baxter Travenol - Brasil
- Case 2: Lear Corporation - América do Sul
- Case 3: Amanco Holding - América Latina
- Case 4: GlaxoSmithKline - CariCam - Andina
- Exercício: Elaboração do Plano Estratégico de um departamento

Capítulo 7 ———————————————————— 139

TENDÊNCIAS DO FUTURO DA PROFISSÃO
- Procedimentos gerais para se alcançar o sucesso
- O capital industrial
- O capital financeiro
- O capital humano
- Cultura interna empreendedora
- Estruturação do capital intelectual

Justiça final ———————————————————— 155
Referências bibliográficas ———————————————— 157
Relação das figuras e dos quadros ilustrativos ————— 159

Introdução

"O que eu vou dizer não é uma crítica, mas, sim, uma constatação." Esta frase, proferida por alguém que comentava um fato, chamou-me a atenção e ficou na minha memória. Demorei para entendê-la até concluir que a intenção da pessoa era relatar algo que estava ocorrendo, evitando, porém, emitir qualquer juízo de valor sobre o assunto. A frase voltou-me à memória quando eu revisava o conteúdo de cada um dos capítulos deste livro, fruto de minhas observações e experiências no decorrer de minha carreira profissional. Julguei importante transmitir todo esse conhecimento, sem, contudo, incorrer no erro de fazer demasiados julgamentos. Minha intenção é transmitir o que tenho com base nas minhas constatações e conhecimentos. Foi este meu intuito quando decidi escrever os livros que integram a coleção RH DIRETO AO PONTO.

Já há algum tempo tenho ouvido no mundo corporativo que a área de Recursos Humanos tem pouco reconhecimento. E isso com certeza decorre de vários fatores, o principal deles os anos e anos de pouco-caso que a área vem sofrendo por parte de alguns líderes de negócios, que muito provavelmente desconhecem a importância estratégica da área de RH.

Essas constatações levaram-me a pensar no assunto com mais profundidade e a apresentar novas hipóteses, sem que isso signifique desconsiderar o que vem sendo ensinado e praticado até os dias de hoje. Pelo contrário, essas reflexões e aportes são produto da evolução das organizações e das pessoas. Evolução que, neste momento, se destaca por duas particularidades: a velocidade das mudanças e o volume de informação que temos de selecionar, assimilar e aplicar diariamente.

Essas mudanças são constantes e desafiadoras, exigindo dos profissionais de RH que se desapeguem do status quo, saindo da zona de conforto e procurando pensar "fora da caixa", em busca de novas maneiras de atuar e inovar o que sempre fizeram e encontrando assim novos fatores de competitividade e de sustentabilidade para as organizações onde trabalham.

Então, o que exporemos neste livro não é uma crítica, mas sim uma provocação proposital, um chamado à reflexão e, ao mesmo tempo, um convite aos meus colegas de RH a participarem deste desafio, a pensarem comigo de forma inovadora, de modo a romper antigos preceitos e formar novos paradigmas para enfrentar a conjuntura atual de um mercado globalizado, informatizado, exigente e submetido a mudanças rápidas e constantes.

Meu intuito, ao escrever este livro, foi deixar um legado, uma contribuição para os profissionais que já atuam

Introdução

na área de RH, para os estudantes que pretendem ingressar nessa área e para as novas gerações que chegarão ao mercado de trabalho com seus novos valores e necessidades. Meu objetivo é que este livro sirva de aporte para orientar os profissionais de RH, preparando-os para as novas competências exigidas com o embasamento estratégico que o momento demanda, de modo que sua atuação seja mais segura e flexível, mais assertiva e proativa na área de recursos humanos, elevando o padrão de sua gestão à categoria de Sócio Estratégico do Negócio.

Tomando como base a experiência adquirida durante anos de atuação em grupos de RH de vários países e nas investigações que fiz diretamente com os diversos gestores de empresas multinacionais, pude chegar a algumas conclusões que julgo importantes.

Logo no começo da pesquisa, percebi que, apesar do esforço de inúmeros profissionais em se manterem atualizados e oferecerem um bom nível de trabalho, de modo a conquistar mais credibilidade para o setor, eles quase sempre esbarram na dificuldade de encontrar apoio e recursos práticos para adquirir, ampliar ou atualizar conhecimentos.

Também observei que as publicações técnicas encontradas nessa área, em sua maioria, tomam como base a realidade de países europeus e dos Estados Unidos. Ainda que inspiradoras, tais publicações, na maioria das vezes, trazem um conteúdo de difícil adaptação e implantação, obviamente porque retratam uma realidade bastante diversa da que encontramos na América Latina, com características e especificidades muito próprias.

Ao prosseguirmos em nossos estudos, notamos também que, embora existam excelentes autores – como Dave Ulrich e Lynda Gratton – e alguns consultores de alta reputação que são referência no mercado, no dia a dia o que acaba prevalecendo, com raras exceções, são obras de pouca qualidade, de teóricos que não tiveram uma atuação na linha de frente numa empresa nem exerceram atividades permanentes na área de RH de uma organização. Alguns deles chegaram a estagiar numa empresa por determinado período, mas com a intenção restrita de conhecer o dia a dia dessas organizações e assim captar elementos para fundamentar seus trabalhos teóricos. Outros atuaram como consultores e prestaram serviços em projetos específicos com os quais alicerçaram suas obras.

Certamente, embora envolvidos na cultura das empresas em atuações temporárias, esses autores não tiveram um tempo de permanência suficiente para uma vivência continuada no dia a dia dessas empresas, como os profissionais que trabalharam anos a fio enfrentando pressões, exigências e desafios, além das influências das políticas internas – muito comuns nessas organizações.

Por último, constatamos a falta de escritores brasileiros ou latinoamericanos que tenham se debruçado sobre o tema gestão de pessoas. E, em número menor, encontramos escritores que atuaram como altos executivos na área de RH, galgando todo o escalão dessa árdua carreira, desde o nível de auxiliar até o de diretor, ou a vice-presidência, mas esses profissionais não se dispuseram a compartilhar com as novas gerações a experiência e o conhecimento adquiridos.

Essa foi a razão que me motivou a escrever este livro, buscando uma linguagem simples e direta para transmitir minha experiência e meus conhecimentos e investigar e apontar soluções sem muitos artifícios técnicos, porém "DIRETAS AO PONTO" com a rapidez que os novos tempos exigem.

Introdução

Nosso objetivo aqui é descrever as melhores práticas implantadas em filiais de empresas multinacionais de países da América Latina, que, adaptadas às culturas, aos usos e costumes e às legislações locais, obtiveram resultados diferenciadores e muito significativos para os negócios, servindo, portanto, como um excelente referencial.

Serão abordados nesta publicação temas que tratarão dos desafios da área de RH para mudar os antigos preceitos que ainda prevalecem nessa atividade, assim como as novas competências demandadas pelo contexto atual do mercado – como fazer apresentações baseadas em indicadores de resultados, discutir os caminhos para ser Sócio Estratégico do Negócio e as tendências ligadas ao futuro dos profissionais que atuam ou pretendam atuar nessa área em organizações de distintos portes e segmentos.

Em cada capítulo exploraremos as "melhores práticas", evidenciadas em cada um dos temas apresentados por meio de relatos verídicos de situações vivenciadas, refletindo e aprendendo sobre o contexto de cada tema e fornecendo as ferramentas necessárias para facilitar a condução e aplicabilidade das soluções.

Seria muito útil poder receber *feedbacks* dos leitores sobre a qualidade e a aplicabilidade do conteúdo desta obra, bem como suas avaliações dos aspectos positivos e negativos e suas sugestões por meio do *website*:

www.sagittadesenvolvimento.com.br

**Desejo a todos uma leitura agradável e produtiva.
Valter Assis, Itupeva, verão de 2015.**

Capítulo 1

EVOLUÇÃO DOS MODELOS DE GESTÃO

(Evolução ocorrida nas últimas três décadas, atuais tendências e contribuições efetivas para os negócios e/ou atividades)

Capítulo 1

No início dos anos de 1990, o setor de Gestão de Pessoas nas organizações e instituições era, em geral, representado unicamente pelo Departamento de Pessoal, conhecido simplesmente como DP. Algumas empresas, principalmente as multinacionais, adotavam denominações traduzidas do inglês como Relações Industriais ou Administração de Pessoal. As atribuições, porém, eram as mesmas.

Além disso, vivia-se uma época de grandes turbulências sociais na América Latina. Em vários países, a gestão de conflitos, tais como greves e negociações sindicais, eram tarefas árduas e desgastantes para os profissionais do Departamento de Pessoal, que viviam em intermináveis e sempre estressantes reuniões.

O continente sul-americano era assolado pela hiperinflação e pelas altas taxas de juros. A economia brasileira estava em crise, afetada por planos econômicos como Plano Cruzado, Plano Verão e Plano Collor, com a moeda duas vezes desvalorizada em até três dígitos em um período de três anos. Com a abertura do comércio exterior, porém, sem a devida proteção às indústrias nacionais, estas não tinham condições de competir com os mercados externos em virtude da baixa produtividade. Isso provocou a falência de muitas empresas, fazendo com que os movimentos sindicais se retraíssem.

As que conseguiram sobreviver, tiveram que adotar não só medidas para aumentar a produtividade, a qualidade e a eficiência interna, mas também lançar mão de ferramentas como os primeiros CCQ's (Círculos de Controle de Qualidade) e as certificações ISO 9000, para garantir sua sustentabilidade.

Isso passou a exigir maior envolvimento do Departamento de Pessoal, principalmente com os Setores de Produção e Controle de Qualidade, iniciando-se assim uma árdua busca para conhecer os novos instrumentos disponíveis e aprender a administrá-los em paralelo com as rotinas de pessoal e as outras tarefas operacionais.

Diante dessa necessidade, alguns profissionais e estudiosos da área de DP se dedicaram, individualmente ou em associações de classe, à busca de um modelo que os ajudasse a incorporar as demandas que o momento exigia.

Com isso, surgiu um novo modelo de gestão de pessoas que atingiu alguns resultados bastante significativos, embora parciais, que ajudaram a melhorar a Produtividade pela Redução e Controle de despesas, o que não significou melhora da Eficiência Interna.

Capítulo 1 • Evolução dos Modelos de Gestão

Figura 1: Melhores Práticas de Pessoal - 1990

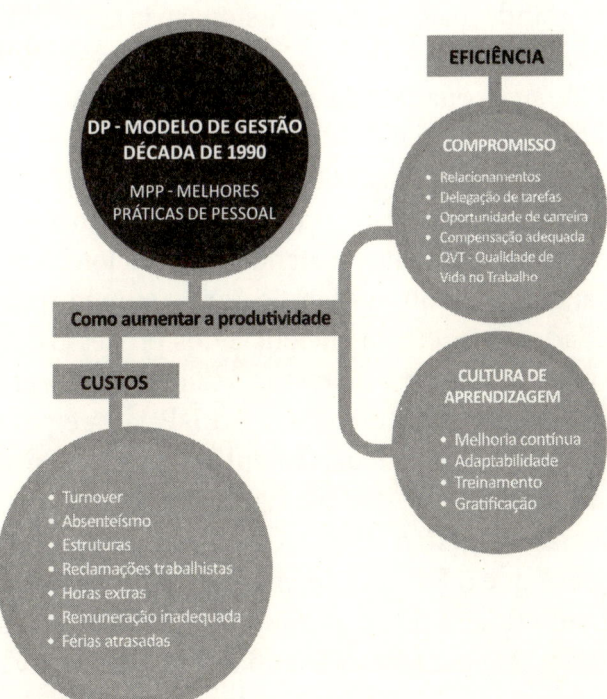

Como dissemos, o DP dedicou-se com afinco em seguir este modelo de como aumentar a produtividade, chegando a obter alguns resultados positivos, ainda que de forma indireta, mediante a redução de custos com ações, tais como controle de materiais de limpeza, de escritórios, de ambulatórios médicos e de refeitórios. E também por meio da redução de benefícios, do não pagamento de indenizações trabalhistas, de horas extras e de férias atrasadas. Por penoso que seja reduzir os direitos dos trabalhadores, esta era a única saída viável para as empresas naquele momento de crise, que colocava para elas duas alternativas: sobreviver ou morrer.

Não houve, porém, a esperada eficiência. Pelo fato de, em sua grande maioria, os profissionais da área ainda não disporem de computadores. Gastavam em média 60% do tempo de sua jornada elaborando, manualmente, controles e cálculos, tabulando dados, somando, calculando e cumprindo as burocracias das rotinas trabalhistas, tendo ainda de desenhar organogramas à mão, organizar festas, coordenar treinamentos e atender os funcionários. Sem dúvida, não lhes sobrava tempo para o aumento da produtividade por meio da eficiência dos processos.

O papel dos líderes dos setores também era um complicador para quem trabalhava no DP, já que para eles o "DP" não era um departamento pensante. Portanto, quando se tratava de desenvolvimento, "resolviam" seus problemas de gestão de pessoal com pedidos do tipo: "Eu quero que o DP coordene um curso para o meu subordinado fulano de tal, porque faz tempo que não ofereço um curso para ele e ele anda muito desmotivado".

Inacreditável lembrar que passamos por tudo isso, que muitos líderes não tinham a menor noção de que os treinamentos deveriam estar diretamente ligados aos objetivos de trabalho e que a motivação das pessoas não se resolvia inventando um curso sem sequer saber as razões da desmotivação dessas pessoas.

Na década de 2000 surgiram elementos novos tais como o avanço da globalização, a expansão dos computadores, da Internet e o *boom* das fusões, aquisições e *joint ventures* de empresas que exigiram mudanças radicais no mundo empresarial. A importância absoluta dos recursos, como o financeiro e patentes, logo se agregou aos "recursos humanos" e estes passaram a despertar maior atenção.

Capítulo 1 • Evolução dos Modelos de Gestão

Nesse novo tempo, o tema gestão de pessoas ganhava força ante a necessidade de um moderno modelo de gestão mais inteligente que rapidamente respondesse às demandas. Isso era mais notório dentro do contexto da América Latina, onde os trabalhadores, em sua grande maioria, ainda eram tratados como máquinas e submetidos a longas jornadas de trabalho em condições precárias, o que suscitava críticas e destoava das propostas para o sucesso dos negócios.

Nesse contexto, continuaram os debates em grupos e associações de gestão de pessoas e as questões mais discutidas eram: "Como gestionar de maneira mais humana esses recursos humanos" e "Se as coisas estavam mudando drasticamente, o que eles precisariam fazer para acompanhar essas mudanças?". A partir dessa primeira indagação, no início do ano 2000 outros questionamentos surgiam:

- Qual denominação definiria melhor o novo enfoque da área?
- Quais as atribuições mais indicadas diante deste contexto?
- Qual o alcance dessas atribuições?
- Quais novas competências seriam exigidas?

Consolidava-se com esses debates uma denominação complementar ao DP. A área de RH passava a ganhar forma e surgia um novo modelo de gestão que consistia em separar as atividades que seriam consideradas transformacionais das transacionais.

Figura 2: Consultoria Interna de RH - 2000

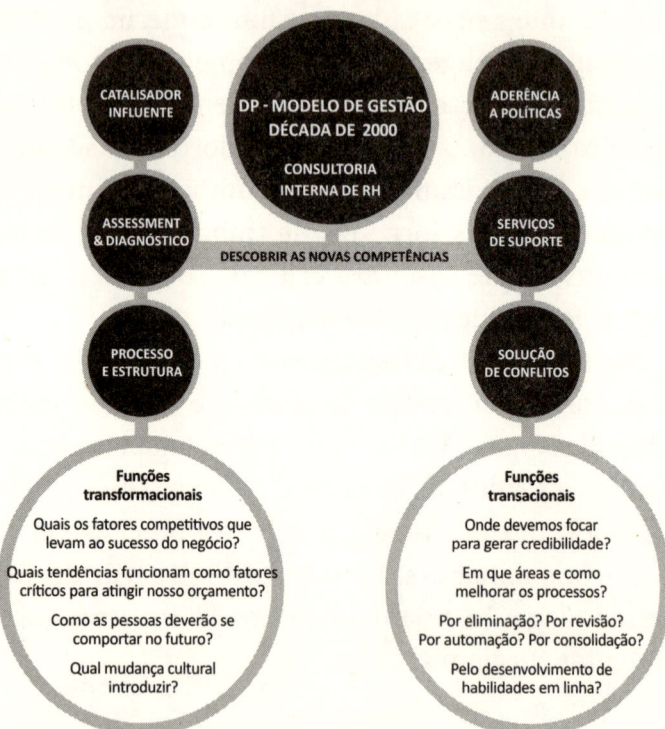

De um lado, sobre as funções transformacionais de diagnóstico, influência e estrutura, se perguntava: "Quais seriam as atividades críticas da área de Recursos Humanos que melhor responderiam às novas demandas de mudança organizacional?".

De outro lado, sobre as funções transacionais de políticas, serviços gerais e atendimento ao pessoal, se inquiria: "Quais atividades burocráticas deveriam ser simplificadas, terceirizadas ou delegadas, possibilitando à área de RH atuar mais como consultor interno junto a seus clientes e propondo soluções eficazes para atender às necessidades trazidas pelo mercado?"

Em resposta a essas perguntas, deu-se início a uma nova jornada na gestão de pessoas, evoluindo das melhores práticas de pessoal para a consultoria interna de RH.

Com isso, a área de RH avançou bastante e progrediu com o pretendido modelo de consultoria. Entretanto, novas perguntas surgiram a respeito dos avanços efetivamente obtidos com esse modelo:

- Quais funções do modelo contaram com apoio e recursos?
- Quantos empresários e gestores haviam aderido à nova proposta de consultoria interna?
- Quanto a nova área de RH avançou na busca pelas suas novas competências?

Para responder a estes e outros questionamentos, retomaremos essa discussão adiante.

Já no começo da segunda década do novo milênio, a partir do ano de 2011, com indícios da recuperação após a crise econômica mundial, principalmente no Cone Sul, as tendências do mercado desafiaram as empresas a continuar acompanhando novas perspectivas e novos fatores de competitividade organizacional. Assim como as mudanças naturalmente fazem parte da vida, toda gestão administrativa deve estar sempre atenta para não ficar desatualizada e tornar-se obsoleta.

Essas novas perspectivas organizacionais, com seus fatores de competitividade do momento atual, convocam as empresas a continuar evoluindo seus modelos de gestão do potencial humano fundamentados no conceito básico: como agregar valor ao negócio.

GESTÃO DO CAPITAL HUMANO

Essa nova "perspectiva" e "fatores" de competitividade organizacional, segundo essas tendências, vieram sustentados por dois pilares de vital importância: a gestão do capital humano e o valor agregado ao negócio.

O modelo mais recente focado no potencial humano como a chave do sucesso originou-se primeiramente nos Estados Unidos e na Europa, com iniciativas bastante similares. Porém, por ser um mercado em franco desenvolvimento e com avanços na área social, é na América Latina que esse modelo de gestão vem ganhando força e sendo aplicado por empresas multinacionais de diferentes segmentos, com resultados bastante satisfatórios.

O quadro a seguir mostra a importância da área de RH no sucesso dos negócios e a necessidade de seus gestores participarem efetivamente em todas as atividades de uma organização com foco em resultados excelentes.

Figura 3: Gestão do Capital Humano - 2010

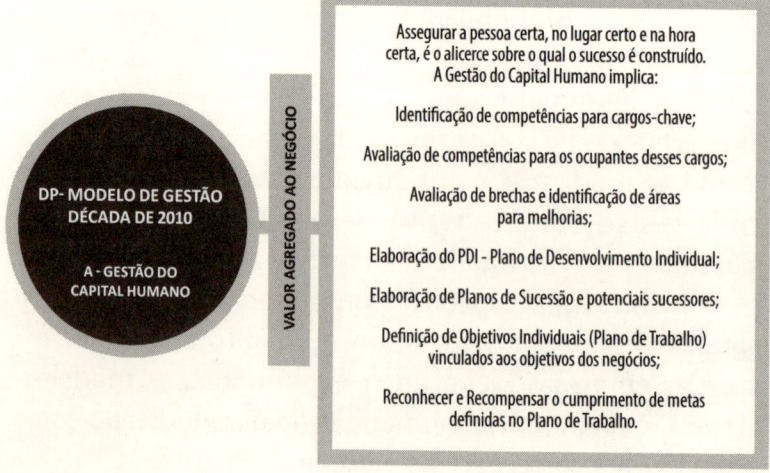

Capítulo 1 • Evolução dos Modelos de Gestão

Como explicitado no capítulo "Sócio estratégico do negócio", as melhores práticas do mercado não podem ser simplesmente copiadas e aplicadas indiscriminadamente pela área de RH. Entretanto, como elas já mostraram seu valor ao serem aplicadas em organizações conceituadas, podem ser consideradas como os melhores referenciais, pois servem de parâmetro no momento da identificação das necessidades, da definição das iniciativas e dos indicadores de RH junto aos seus clientes internos, considerando a estratégia de negócio e a circunstância em que se encontra a organização.

VALOR AGREGADO AO NEGÓCIO

A diferença estratégica e o reconhecimento da área só aparecerão se existirem indicadores de resultados de medição que comprovem os avanços e resultados obtidos, já que as iniciativas propostas devem ser sempre tangíveis e, portanto, perfeitamente quantificáveis. Isso porque, definitivamente, "o que não se mede não existe", sendo indispensável a implantação de indicadores de medição que sirvam de alicerce para a validação desse modelo de gestão. A primeira premissa importante é exatamente a conscientização de que a medição deve, indiscutivelmente, retratar as necessidades e expectativas dos clientes internos da área e demonstrar a eficiência e eficácia de RH na facilitação e consecução de seus objetivos por meio da efetividade das iniciativas tomadas a partir de indicadores anteriormente pactuados com os clientes.

As medições de desempenho de potencial humano podem ser tantas quanto forem os objetivos ou iniciativas, definidos com seus clientes internos, a serem postos em prática por RH. As melhores práticas mostram que em primeiro lugar vêm os indicadores macros de gestão, aplicáveis conforme indicados no quadro:

Figura 4: Valor Agregado ao Negócio - 2010

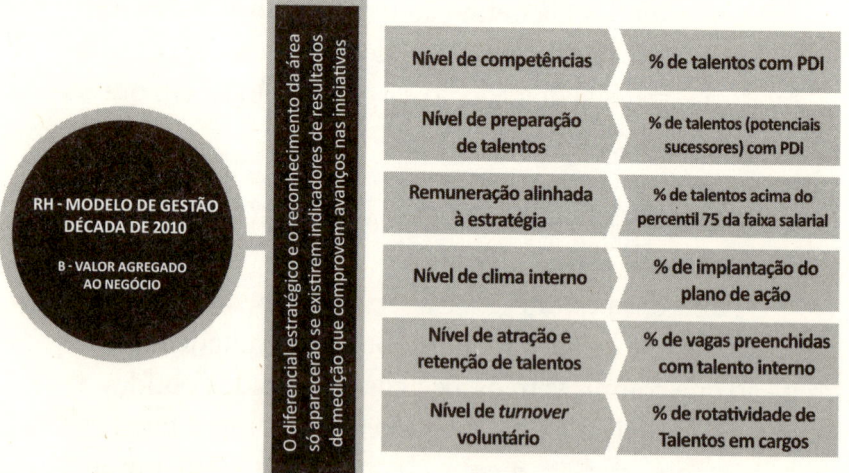

É inegável que a implantação de indicadores de medição da gestão de Recursos Humanos dá firmeza e autoridade à gestão, pois, ainda que pareça repetitiva, a afirmação "o que não se mede não existe" se consagra como uma grande verdade que dignifica e eleva a área como uma parceira indispensável para o sucesso.

No gráfico da figura 5 que segue, pode-se observar que, conforme a área de Recursos Humanos foi se transformando, aproximando-se do negócio com sua gestão mais centrada no capital humano, aumentou-se o seu valor agregado ao negócio.

Capítulo 1 • Evolução dos Modelos de Gestão

Figura 5: Sócio Estratégico do Negócio - 2010

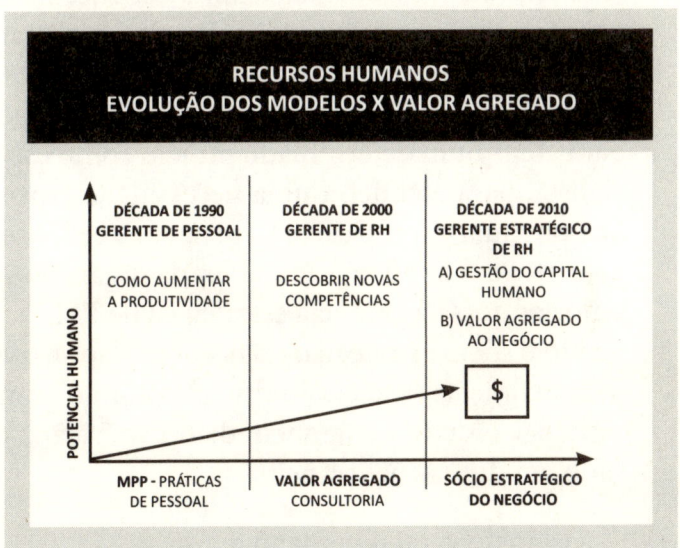

É importante enfatizar que cada novo modelo de gestão de pessoas não veio para substituir o anterior, mas, sim, para enriquecer e complementá-lo de modo a atender às crescentes demandas da área, visto que o ser humano está cada vez mais exigente como trabalhador, consumidor e cidadão. Isso torna evidente que, quanto maior for o foco no desenvolvimento do potencial humano, maior será o valor agregado.

Por essa razão é bastante comum encontrarmos nas grandes organizações as três funções exercendo papéis bem definidos, ainda que complementares. Nessas empresas, por exemplo:

1. As melhores práticas de pessoal, o cumprimento das obrigações trabalhistas, previdenciárias, sindicais e o pagamento de salários e benefícios do setor

de Departamento de Pessoal normalmente são funções terceirizadas, que passaram a ser executadas por empresas especializadas, comumente reportando-se à área financeira das empresas contratantes.
2. A consultoria interna de RH pode ser destacada para atuar num determinado projeto como especialista, para atender a uma necessidade específica ou atuar num CoE – Center of Excellence*, para atender a todas as unidades da organização, reportando-se à gerência estratégica de RH.
3. Sendo o sócio estratégico do negócio responsável pela definição e execução disciplinada do plano estratégico de RH e também da organização, focado em duas ações principais:

a) A gestão do capital humano e
b) Valor agregado ao negócio.

Todas essas iniciativas devem reportar-se diretamente ao presidente, ao CEO** ou ao primeiro executivo do grupo, tendo em vista facilitar as tomadas de decisão.

Resumo do capítulo

EVOLUÇÃO DOS MODELOS DE GESTÃO

Modelo de gestão de Departamento de Pessoal na década de 1990:

- Tinha como objetivo aumentar a produtividade com iniciativas e/ou ações que ajudassem a

---
* Centro de Excelência.
** Chief Executive Officer.

atingir as metas estabelecidas, tais como controlar os custos e aumentar a eficiência interna.

Modelo de gestão da nova área de RH da década de 2000:

- Procurava redefinir as funções de RH e quais eram as competências requeridas, o que implicava separar as atividades que seriam transformacionais das transacionais, de modo a priorizar e focar o que era mais importante.

Modelo de gestão de RH estratégico a partir da década de 2010:

O novo e atual modelo de gestão de RH fundamenta-se em saber agregar valor ao negócio por meio de duas estratégias:

A. Gestão do capital humano.
B. Utilização de indicadores de resultados.

- Cada novo modelo de gestão de pessoas não veio para substituir o anterior, mas para complementar e melhorar o anterior, de maneira a atender às crescentes demandas do negócio acompanhando as mudanças do mercado globalizado.

Capítulo 2

RECURSOS HUMANOS DEPARTAMENTO DE PESSOAL

(O que deixam de ganhar as organizações por não definirem com clareza as competências específicas de cada uma dessas áreas)

Capítulo 2

A falta de definição das atividades e responsabilidades e, consequentemente, das competências necessárias para o bom desempenho da área de Recursos Humanos e de Departamento de Pessoal cria certa confusão e entraves a respeito do valor agregado de cada uma delas.

Durante décadas, gestores de empresas de diversos segmentos e portes vêm ignorando a diferença entre Recursos Humanos e Departamento de Pessoal. O mesmo ocorre com muitas agências de emprego. No momento de recrutar e selecionar, são poucas as que sabem fazer uma distinção clara entre as atividades dessas duas diferentes áreas.

Esse fato vem provocando um atraso na implantação das iniciativas estratégicas de RH e deficiência na gestão de pessoas, nas organizações e instituições, motivo pelo qual muitos países da América Latina, entre eles o Brasil

– embora venham demonstrando progressos éticos e de governabilidade corporativa –, deixam muito a desejar no quesito avanço em gestão de pessoas, na velocidade que o mundo atual vem demandando.

Pode-se estimar que a maioria desses negócios ou atividades de variados portes teria melhores resultados se houvesse clareza a respeito da gestão humana e do retorno dos investimentos para seu desenvolvimento.

Delimitando as áreas de RH e DP

Como é definida em cursos de rotinas administrativas, a gestão de pessoas divide-se em duas áreas: Recursos Humanos (RH) e Departamento de Pessoal (DP).

É missão de RH selecionar, gerir e nortear os colaboradores na direção dos objetivos e metas da empresa, facilitando o alinhamento das políticas de gestão de pessoas, de modo que elas contribuam para a execução da estratégia da organização. A missão do DP, por seu turno, é assegurar o cumprimento das leis trabalhistas, previdenciárias e sindicais, garantir a fidelidade dos registros, calcular a folha de pagamentos e emitir relatórios gerenciais.

Compreende-se, então, que as micros, pequenas e médias empresas não dispõem de estrutura nem de recursos que permitam separar a área de Recursos Humanos do Departamento de Pessoal. Entretanto, nesta segunda década do Terceiro Milênio, não se pode admitir que os gestores desconheçam as atividades e responsabilidades que competem a essas diferentes áreas, mesmo que o tamanho da empresa não permita essa separação. Por essa razão, já existe a tendência de terceirização da parte operacional no que compete ao Departamento de Pessoal.

Capítulo 2 • Recursos Humanos - Departamento de Pessoal

ATIVIDADES E RESPONSABILIDADES DE RECURSOS HUMANOS E DEPARTAMENTO DE PESSOAL
(Estabelecendo as diferenças entre as duas áreas)

Quadro 1: Atividades típicas de RH

Exemplos
Descrições e avaliação de cargos e organogramas
Recrutamento e seleção de pessoal
Treinamento de integração e envolvimento inicial
Avaliação do período de experiência
Realização de entrevistas de saídas e plano de ação para redução de *turnover* e absenteísmo
Identificação de processos-chave de RH
Identificação das competências requeridas
Levantamento de necessidade de treinamento
Elaboração de Plano de Desenvolvimento Individual (PDI)
Implementação de treinamento com base em competências para cargos-chave
Coordenação da avaliação de desempenho
Coordenação do *feedback* e acompanhamento contínuo
Impulso ao foco em resultados e competências
Promoção do reconhecimento do alto desempenho
Promoção de política de remuneração diferenciada por desempenho
Manutenção de política de remuneração competitiva com o mercado
Desenvolvimento e/ou manutenção de política de benefícios competitiva com o mercado
Estímulo ao trabalho em grupo e desempenho individual
Atitudes que facilitem o alcance dos objetivos das áreas clientes
Cascateamento das políticas e dos procedimentos corporativos
Promoção da comunicação interna "oportuna", pontual e constante

Promoção de meios para assegurar indicadores de desempenho de RH
Implantação de ações para gestão de pessoas: diagnóstico interno, governança corporativa, cultura, pesquisa de clima, *turnover*, absenteísmo, acidentes do trabalho, etc.
Fomento à cultura interna, base para bom ambiente laboral
Atualização permanente dos sistemas e processos de gestão de RH
Atividades que promovam o desenho organizacional, a gestão das mudanças e a minimização de riscos
Impulso à estratégia organizacional

Quadro 2: Atividades típicas de DP

Exemplos
Elaboração de documentação para contratação/rescisão
Inclusão e exclusão de contratados
Administração dos contratos de trabalho
Rotinas trabalhistas e de pessoal (CLT)
Controle de contratos de serviços terceirizados
Controles de frequência
Atendimento ao pessoal sobre questões trabalhistas, previdenciárias e sindicais
Emissão de guias e cartas diversas
Recolhimentos de tributos
Emissão de relatórios governamentais
Relações externas com órgãos públicos e sindicatos
Controle de uniformes e EPI
Coordenação de refeitórios
Coordenação de ambulatório médico
Apoio a auditorias TS, ISOS e OSHAS
Garantia de saúde e segurança ocupacional (PPRA/PCMSO)
Coordenação de programa de ginástica laboral e área de *fitness center*

Capítulo 2 • Recursos Humanos - Departamento de Pessoal

Controle de estacionamentos
Coordenação de eventos internos, festas e comemorações
Emissão de relatórios gerenciais para a gestão de pessoas: horas extras, absenteísmo, *turnover*, acidentes do trabalho, periculosidade e insalubridade.

Quadro 3: Responsabilidades típicas de RH

Exemplos
Atrair, desenvolver, reconhecer, recompensar e reter talentos
Impulsionar atitudes que promovam a visão, a missão, os valores e as normas compartilhadas
Disseminar os princípios éticos e valores organizacionais
Assegurar a presença da pessoa certa, no lugar certo e na hora certa
Contribuir com ações que promovam as políticas de governança corporativa, o diagnóstico interno e a manutenção do bom clima laboral
Promover o reconhecimento das iniciativas/competências individuais e do grupo
Motivar uma cultura de responsabilidade social e ambiental
Garantir a segurança e o bem-estar no ambiente de trabalho
Buscar a excelência no estilo de liderança por valores e flexibilidade organizacional
Buscar a excelência em qualidade, produtividade e custos
Atuar como *business partner* na estratégia organizacional

Quadro 4: Responsabilidades típicas de DP

Exemplos
Assegurar a fidelidade dos registros e documentos de pessoal exigidos por lei
Cumprir todas as obrigações trabalhistas, previdenciárias e sindicais

Garantir a exatidão das movimentações realizadas na folha de pagamentos
Planejar e controlar períodos de férias
Atender à fiscalização do trabalho
Manter os arquivos mortos e ativos
Representar a empresa como preposto na Justiça do Trabalho

Adicionalmente à separação das atividades dessas duas áreas, é muito importante instituir a missão da área de RH com a participação e o envolvimento dos diretivos na aprovação desta – exercício que ajudará estes diretivos a entender melhor a função da área. Esse tema será retomado mais adiante.

CASES ILUSTRATIVOS

Case 1: Os Profissionais de RH são subservientes?

Quando da minha atuação na Costa Rica, um dos executivos desvinculou-se do grupo e o *CEO* desse profissional, que então era o meu chefe direto, comunicou-me que seria realizada uma ceia especial de despedida desse colega.

Seriam convidados para essa ceia todos os diretivos, seus subordinados diretos e os respectivos cônjuges. O jantar teria lugar no restaurante de um *Country Club*. Eu estava me preparando para comparecer ao jantar quando recebi um chamado da Psicóloga Organizacional, minha assistente, que, meio sem jeito, pedia o meu apoio para resolver uma solicitação feita pelo *CEO** da empresa, que requisitava sua presença no saguão do clube para recepcionar os convidados.

---
* *Chief Executive Officer.*

Capítulo 2 • Recursos Humanos - Departamento de Pessoal

Dá para imaginar o grau de frustração em que a psicóloga e assistente se encontrava. Eu a entendi perfeitamente e, imediatamente, esclareci que tal atividade não fazia parte de suas atribuições. Orientei-a para que procurasse delegar essa tarefa a uma pessoa mais indicada para isso, que poderia ser alguém responsável pelos eventos do clube ou mesmo um agente da segurança local, o que não é incomum ocorrer nesses lugares.

Diante de uma situação delicada como esta, o apoio que se espera de qualquer executivo de RH é encontrar uma solução para o problema e ter uma explicação bem articulada do motivo pelo qual a tarefa não poderia ser delegada àquela profissional.

Esse episódio pode parecer insignificante até mesmo porque muitos profissionais da área de gestão de pessoas, principalmente nas empresas nacionais e de menor porte, como já dissemos, costumam acumular as funções de RH e DP, atuando também como "coringas" ao realizar uma gama de atividades emergenciais, como a citada no caso acima. Naturalmente, atividades como essas têm suas justificativas em empresas menores. E, sem dúvida, o DP também é um setor importante, mas com atribuições diferentes das de RH, e, dependendo do estágio em que a empresa se encontra, o RH pode acumular a função de DP.

Entretanto, chamo a atenção para que os gestores e profissionais da área de RH fiquem atentos às demandas do mercado atual e ao crescimento da empresa, que requererão ajustes e foco nas atividades mais importantes e de maior impacto nos negócios. E isso passa diretamente pela responsabilidade dos profissionais de RH, que precisam conquistar mais credibilidade e respeito para mudar a imagem, por vezes subserviente, de meros cumpridores de qualquer tarefa a eles delegada em detrimento daquilo que é estratégico.

O objetivo aqui é enfatizar que o fator gente é a chave do sucesso de todo negócio ou atividade. E muitas empresas podem deixar de ganhar por falta de conhecimento do potencial de seus colaboradores e por não dar, a seus gestores, recursos e apoio para a aplicação das atuais e mais bem-sucedidas práticas de gestão do potencial humano.

Esse quadro só será mudado quando houver plena consciência de que a área de RH é tão essencial na estrutura, na imagem e nos resultados da empresa quanto as outras.

Refletindo e aprendendo

- Avalie e anote o grau de frustração, e até de constrangimento, da psicóloga se ela tivesse assumido, no local da ceia, o papel de recepcionista dos convidados e seus cônjuges.

- Comparativamente, anote se o grau de frustração seria menor se essa atividade, em vez de solicitada à assistente de RH, fosse delegada a outra pessoa, como, por exemplo, a advogada da empresa. Ou, ainda, se esse atendimento fosse requerido do profissional do departamento de compras da companhia.

- Avalie como estaria a autoconfiança da psicóloga, após realizar esse tipo de trabalho, tendo que sentar-se à mesa no dia seguinte com esses mesmos diretivos para tratar de assuntos importantes de RH.

- Imagine ainda como seria o resultado da avaliação da psicóloga, caso ela houvesse realizado esse trabalho e não tivesse se saído bem. Seria justo considerar negativamente esse item na avaliação de desempenho dessa profissional?

Case 1: Os profissionais de RH são subservientes? - Conclusão

Este *case* serve para ilustrar como prevalecem ainda esses velhos preceitos na visão de muitos gestores em relação à área de RH. Muito provavelmente, tal forma de pensar advém do antigo modelo de Departamento de Pessoal, que era obrigado a desempenhar tarefas consideradas de menor peso sob o argumento de que outras áreas estavam envolvidas com tarefas mais importantes.

Case 2: Imagem de RH burocrático que não agrega valor

Uma das evidências mais contundentes que vamos relatar tem um peso muito grande por vir da segunda maior indústria farmacêutica do mundo.

Já no final da segunda década deste milênio, ou seja, pouco tempo atrás, ouvi diretamente do presidente da para a América Latina que a área de Recursos Humanos não tinha o mesmo peso das demais áreas funcionais para os negócios, tais como a comercial, a médica, a financeira, a de compras, de engenharia, de tecnologia da informação, de garantia da qualidade, de logística e de comunicação.

Dizia que, no momento em que seus diretivos de RH se sentavam com ele à mesa do comitê executivo, não sentia que eles tinham o mesmo nível de ideias e consequentemente o mesmo aporte que os diretivos de outros setores. Para piorar, isso foi dito num encontro regional de RH que reunia 18 profissionais de vários países do continente latino-americano.

Do meu ponto de vista, tal declaração deve ter caído feito bomba na cabeça desses profissionais, assim como caiu na minha. E o mais surpreendente foi que todos ficaram abatidos, cabisbaixos e em absoluto silêncio, reação que reforçava o que estava sendo dito.

Foi um comportamento inadmissível dos meus colegas, que faziam um árduo trabalho em seus países, enfrentando as exigentes legislações e culturas locais, atendendo às necessidades específicas do negócio, tendo ainda que adaptar e gestionar as diferentes políticas corporativas da área.

Se o objetivo do presidente era tirar a equipe de RH de sua zona de conforto na presença de todos, incluindo os convidados internacionais, até se poderia cogitar ser aquela uma boa estratégia. Porém, se o propósito não era esse, fomos obrigados a definir sua declaração como francamente desabonadora.

Se levarmos em conta que situações similares de desafio, de tensão positiva ou até mesmo de confrontação ocorram em inúmeras reuniões, entrevistas na TV e debates políticos, para aumentar o interesse dos espectadores, nesse caso, a passividade foi o que ocorreu no lugar da esperada réplica, podendo-se interpretar o afirmado como veracidade. A falta de questionamento ou de pedido de exemplos que pudessem embasar a afirmação legitimava a "acusação".

Também fui surpreendido com a afirmativa do presidente. Porém, como já havia enfrentado situações de provocações similares antes, saí em defesa da área, pedi desculpas por discordar e citei os bons resultados, que se mostravam em média 20% superiores ao orçamento dos últimos cinco anos consecutivos da região Caricam-Andina, da qual eu fazia parte. E, claro, contando com a parceria de Recursos Humanos do Shared Services Center (Centro de Serviços Compartilhados), que gestionava os processos de Planejamento Estratégico, *Governance Compliance*, Gestão do Talento, Programa de Expatriados, Long-term incentives, *Resilience & well being*, *Empowerment* e Comunicação Interna para todos os países dessa região.

Diante da minha intervenção, o presidente ficou surpreso e disse que não iria entrar em detalhes, pois aquela era a mensagem que ele queria passar. Nesse meio tempo, continuei observando a conduta dos meus colegas responsáveis por RH da empresa em outras regiões e, para minha surpresa, apenas outros dois deles se encorajaram a comentar sua participação nas estratégias e sua atuação direta junto aos gerentes gerais em seus países. Os demais continuaram calados.

Refletindo e aprendendo

Situações como esta são excelentes oportunidades de aprendizagem. Lembre-se que a primeira atitude diante de circunstâncias de extrema tensão, provocadas ou não, é ficar calmo, para em seguida utilizar-se inicialmente da técnica da concordância com frases tais como: "acho que tem razão, mas..." ou, ainda, "entendo sua preocupação". E assim começar a reverter a situação para depois fazer perguntas do tipo:

1. Quais exemplos podem ser citados para ilustrar sua afirmação, de modo que possamos entendê-la melhor?
2. Quais debilidades poderiam ser explicitadas para elucidar seu ponto de vista?
3. Quais possibilidades de melhoria nos podem ser sugeridas?
4. Qual apoio pode nos dar para melhorarmos nosso trabalho, de maneira que possamos agregar valor aos resultados?
5. Com quais recursos podemos contar para aperfeiçoar nosso trabalho?

Receber *feedback* negativo faz parte da avaliação do nosso trabalho e devemos ter uma atitude positiva que demonstre nosso interesse em melhorar e entender as necessidades reais do cliente. E assim aprimorar o plano de trabalho de RH.

Por que tanta passividade?

Se, afinal de contas, os profissionais de RH estão preparados e entendem do negócio de sua empresa ou unidade, por que essa "timidez"? Por que não abraçar as oportunidades para gestionar as mudanças, rompendo o preconceito que os prejudica e os confina no exercício de atividades burocráticas? Ou será que ainda têm dúvidas sobre a real contribuição do departamento com os resultados da empresa?

Se esta última pergunta foi respondida afirmativamente, lembremos alguns dos princípios que, se forem seguidos, poderão aumentar sua segurança e bom desempenho:

- Entender o que se espera da área;
- Ter as regras do jogo bem claras;
- Ser um parceiro do negócio junto a seus clientes internos;
- Compartilhar com seus clientes internos os trabalhos que ajudarão a atingir seus objetivos de negócios;
- Cumprir o que foi prometido, entregando um trabalho bem feito no tempo estabelecido.

Isso significa a necessidade que a área de RH tem que desenvolver sua visão estratégica, formar parceria com líderes, aumentar a agilidade e capacidade de entrega. A partir dessas competências exigidas da área para converter-se em parceira do negócio, fica um pouco mais evidente saber o que significa RH estratégico.

Case 2: Imagem de RH burocrático que não agrega valor – Conclusão

O entendimento equivocado e a confusão que se vêm constatando nas reais atividades e responsabilidades dessas duas áreas faz com que seja indispensável formular uma distinção clara, um verdadeiro divisor de águas, entre as atividades de RH e as de Departamento de Pessoal.

Distinção que deverá ser consensual entre os profissionais da área e os executivos da empresa ou instituição, como sugerido anteriormente, definindo ainda a missão de cada uma das áreas, suas respectivas atividades e responsabilidades, facilitando assim a consecução dos objetivos de ambas as áreas. O papel dos profissionais de RH pode ser assim resumido:

- Prover e administrar com eficiência processos de fluxo e gestão de pessoas na organização;
- Buscar a melhoria contínua de seus processos e atividades;
- Administrar conflitos e gestão da mudança;
- Saber escutar e atuar como um *coach*;
- Ser parceiro estratégico de seus clientes internos;
- Atuar junto à diretoria e aos demais níveis organizacionais.

Os profissionais de RH devem ainda, e acima de tudo, demonstrar controle emocional, comportamento ético, comprometimento, respeito, empatia, responsabilidade e coerência entre o que dizem e o que fazem.

Case 3: Ilustrando as diferenças entre RH e DP

Para ajudar a entender o que foi dito anteriormente, analisaremos o conteúdo e o enfoque de alguns anúncios de emprego publicados recentemente em um jornal da cidade de Jundiaí, Estado de São Paulo, para melhor observar os equívocos.

Capítulo 2 • Recursos Humanos - Departamento de Pessoal

VAGA: GERENTE DE RH (Reproduzido tal qual foi publicado. Não foram corrigidos os erros de Português no anúncio do jornal)
Cliente: indústria multinacional do segmento alimentício, situada na região de Campinas/SP.
Atribuições do cargo:
Gerenciar as atividades do Departamento de Recursos Humanos, Administração de Pessoal, administração dos contratos de trabalho, rotinas trabalhistas e de Pessoal, avaliação de desempenho, treinamento, remuneração, controles de frequência, relações industriais, relações trabalhistas empresa/ Sindicato/ Órgãos Públicos, contratos de serviços terceirizados, atender auditorias TS16949 ISO9000 ISO14001 OHSAS18001, atender rotina de relatórios solicitados pelo RH Corporativo, Gestão e desenvolvimento de Pessoas, integração do trabalhador à organização, planejamento dos recursos humanos, saúde e segurança ocupacional, código de Conduta Corporativo.
Conhecimentos necessários:
Pacote Office, relações trabalhistas e auditorias TS16949, ISO9000, ISO14001 e OHSAS 18001.

Agência de emprego 1 - Constatação do equívoco

Nessa primeira amostra da agência de emprego 1, percebemos que se trata de um cargo de gerente de RH que, no caso, deve acumular as funções das duas áreas, tanto as de Departamento de Pessoal quanto as de Recursos Humanos. O quadro a seguir ilustra com clareza as funções de ambas as áreas:

Atividades de DP no anúncio 1	Atividades de RH no anúncio 1
Administração de pessoal	Gestão de pessoas
Administração dos contratos de trabalho	Desenvolvimento de pessoas
Rotinas trabalhistas e de pessoal	Treinamento

Controles de frequência	Avaliação de desempenho
Relações Industriais	Remuneração
Relações trabalhistas empresa/ sindicato/ órgãos públicos	Integração do trabalhador à organização
Contratos de serviços terceirizados	Planejamento dos Recursos Humanos
Atendimento a auditorias TS16949 ISO9000 ISO14001 OHSAS18001	Atendimento à rotina de relatórios solicitados pelo RH corporativo
Saúde e segurança ocupacional	Código de conduta corporativo

Agência de emprego 1 - Conclusão da análise

Podemos observar pelas atividades que, apesar do título do cargo, trata-se mais do antigo gerente de pessoal, cujo valor agregado reside em aplicar as melhores práticas de pessoal, do que de um gerente de RH, já que, pela confusão de conceitos e de atividades, é muito provável que para a gestão de RH lhe sobre bem pouco tempo.

Agência de emprego 2 - anúncio publicado em 2012

VAGA: AUXILIAR DE RH (Reproduzido tal qual foi publicado no anúncio do jornal)
Experiência: em toda rotina de Departamento de Pessoal, conhecimentos em legislação trabalhista e procedimentos dos órgãos governamentais.
Desejável: ensino superior em administração, Recursos Humanos ou contabilidade.

Agência de emprego 2 - Constatação do equívoco

Obviamente trata-se de uma vaga de menor complexidade quando comparada a anterior. Entretanto, transmitir conceitos equivocados ao novo profissional que está chegando ao mercado de trabalho, ao não fazer uma descrição de cargo que oriente suas atividades, provavelmente poderá causar perdas à organização contratante.

Observemos que, relativo a RH, existe somente a menção do desejável "ensino superior", enquanto as atribuições caracterizam o cargo como um auxiliar de DP, e não como auxiliar de RH, conforme anunciado. Observemos o quadro abaixo:

Requisitos de DP no anúncio 2	Requisitos de RH no anúncio 2
Experiência em toda rotina de Departamento de Pessoal	Ensino superior em Recursos Humanos
Conhecimentos em legislação trabalhista	
Procedimentos dos órgãos governamentais	
Ensino superior em administração ou contabilidade	

Agências de emprego 2 - Conclusão da análise

Já nesse segundo exemplo, sem dúvida o título da vaga está equivocado, o que pode ser observado pelos tipos de requisitos para o candidato ao cargo de auxiliar. Portanto, o título correto para essa vaga deveria ser Auxiliar de Pessoal.

Em relação à formação, existe uma mistura que confunde os possíveis candidatos, já que se requisita formação acadêmica em qualquer uma das áreas ou em ambas.

Case 3: Ilustrando as diferenças entre RH e DP – Conclusões

Com base nas observações das agências de emprego 1 e 2, podemos concluir que, se as regras do jogo não estiverem claras, o primeiro desafio será gestionar as mudanças no âmbito da organização para que se esclareçam ditas regras e as atividades dos participantes. E para que isso seja congruente com a estratégia da organização, além disso, estabelecer uma divisão clara entre as áreas de Departamento de Pessoal e Recursos Humanos, facilitando assim a vida dos profissionais que saberão qual é sua missão dentro da empresa.

DEFINIÇÃO DE MISSÃO - DOIS ELEMENTOS-CHAVE

O princípio básico de uma declaração de missão departamental é que esteja em sintonia com a declaração de missão da empresa e também com a sua visão e valores.

- O primeiro elemento é definir o que entendemos por visão e missão.
- O segundo é observar algumas das melhores práticas de missões.

Quadro 5: definições e exemplos de visão e missão:

A VISÃO DEFINE A NOSSA CAUSA MAIOR, PARA ONDE VAMOS E ONDE QUEREMOS CHEGAR.
Exemplo
Seremos reconhecidos como os melhores especialistas em nosso segmento, tendo pessoas altamente capacitadas e que contribuem para um mundo melhor.

A MISSÃO DEFINE O QUE DEVEMOS FAZER PARA ATINGIR A VISÃO, SENDO A RAZÃO DE SER DE UM DEPARTAMENTO PARA A EMPRESA.
Exemplo Oferecer o melhor preço, o melhor produto e serviço de qualidade que encantem nossos clientes, fortaleçam alianças com nossos fornecedores e sempre norteados por princípios éticos e de responsabilidade social.

Quadro 6: Exemplos de missões de RH

Em linha com a definição acima, mencionaremos alguns exemplos de missões de RH, desenvolvidas em filiais de grandes multinacionais instaladas na América Latina.

Exemplo 1
Esco Soldering, Belo Horizonte, Brasil - 2009
"Atrair, desenvolver, motivar, recompensar e reter empregados talentosos, para garantir as competências necessárias para o alto desempenho, rentabilidade e crescimento."
Exemplo 2
GlaxoSmithKline (GSK), CariCam - Andina - 2007
"Nosso enfoque será desenvolver as capacidades organizacionais, ferramentas e técnicas inovadoras de RH, de acordo com a necessidade do negócio. Atuaremos como fomentadores da melhor gestão de pessoas capacitadas e com excelente grau de competência, reconhecidas e motivadas para o alto desempenho. Demonstraremos sempre uma alta postura ética pautada no exemplo. Mensuraremos o esforço do nosso trabalho e o valor tangível agregado ao negócio."

Exemplo 3
Grupo Amanco, América Latina - 2005
"Atrair, desenvolver, recompensar e reter colaboradores com as competências estratégicas requeridas pelo negócio. Encontrar soluções inovadoras e de excelência para a gestão de Recursos Humanos e agregar valor aos resultados, em linha com a visão e valores do grupo, e com a filosofia do desenvolvimento sustentável."
Exemplo 4
Amanco Tubosistemas, Buenos Aires, Argentina - 2005
"Gerar, desenvolver e brindar, oportunamente, ferramentas e processos que contribuam para o desenvolvimento das capacidades organizacionais requeridas para atingir os objetivos estratégicos, fomentando a cultura da organização."
Exemplo 5
Lear Corporation, América do Sul - 2002
"Promover o desenvolvimento das capacidades organizacionais para gerar produtos e serviços de alta qualidade a custos competitivos, superando as expectativas de nossos clientes em um ambiente ético, seguro e desafiador, com pessoas com alto nível de excelência, motivadas e reconhecidas."

Essas declarações são de vital importância para transmitir, de maneira constante, aos seus diversos públicos, a razão de ser da área de RH e suas reais atribuições e responsabilidades, mostrando assim como ela agrega valor.

Com este capítulo, objetivamos contribuir para capacitar pessoas para uma realidade mais complexa, trazendo uma reflexão e abrindo perspectivas em prol de benefícios tanto para as empresas, escolas e demais órgãos quanto para os profissionais da área.

Resumo do Capítulo 2

RECURSOS HUMANOS - DEPARTAMENTO DE PESSOAL

- Existem evidências de que os altos executivos de organizações e instituições ainda sustentam uma visão equivocada das reais atividades e responsabilidades específicas da área de RH e de DP.
- Há evidências de que se a missão não está clara, isso implica em que as atividades e responsabilidades e o valor agregado da área também não estejam claros.
- É indispensável elaborar uma distinção clara, um divisor de águas entre as atividades específicas de ambas as áreas.
- A missão da área de RH, suas atividades e responsabilidades claramente definidas são o que facilitarão o alcance dos objetivos de ambas.

Capítulo 3

NOVAS COMPETÊNCIAS DE PROFISSIONAIS GLOBAIS

(Um estudo de caso que ajuda a exemplificar as novas competências estratégicas requeridas dos profissionais que atuam em diferentes níveis da estrutura de RH)

Capítulo 3

O caso aqui narrado serve para que o leitor possa fazer uma análise e reflexão sobre a melhor forma de atuar em situações como a deste relato e tirar conclusões de como deve ser a atitude proativa e a estratégia de quem atua nessa área.

Case 1: Uma missão a cumprir
Empresa multinacional

Victor, um jovem executivo de RH recém-contratado por uma empresa multinacional norte-americana do segmento de negócio automotriz, acabava de completar os três meses do período de experiência na empresa e estava bastante entusiasmado com essa nova fase de sua carreira, que o colocava como responsável pelo planejamento e direcionamento estratégico de gestão do capital humano, para várias unidades industriais em diversas cidades no Brasil, bem como na Argentina e na Venezuela.

Victor não havia tido uma boa identificação com a cultura e a filosofia da última empresa para a qual trabalhara nos últimos três anos. E agora tinha a oportunidade de resgatar seu sentimento de poder realizar um trabalho bem feito, como até então havia conseguido no seu percurso de quase 20 anos de carreira e que, à exceção dessa última empresa, lhe trouxera muitas satisfações.

Estava seguro de que, doravante, as coisas seriam diferentes, principalmente pela boa impressão que tivera já nas entrevistas de seleção e pela boa acolhida dos colegas de trabalho na nova empresa. Também estava satisfeito com a determinação da empresa de fomentar uma cultura orientada para a valoração do aspecto humano, o que o deixava confiante de que poderia realizar um bom trabalho e ser reconhecido por ele.

Victor desenvolvia seu trabalho na empresa e tudo corria bem, quando, numa manhã, seu celular toca, no exato momento em que ele entrava no carro para dirigir-se ao trabalho. Era o presidente da companhia para as operações da América do Sul – seu chefe imediato –, dando-lhe uma instrução clara e direta: "Victor, sua missão hoje é ir, não importa onde você se encontre, direto para o aeroporto, tomar um avião para Buenos Aires e demitir o gerente das operações da Argentina".

Victor respirou fundo e, de imediato, passou por sua cabeça um dos princípios da área de RH que ele se empenhava em seguir à risca: não é papel da área contratar ou demitir colaboradores, especialmente um profissional que ocupa um cargo importante. Pois, ao contrário do que muitos acreditam, esse papel compete à chefia

Capítulo 3 • Novas Competências de Profissionais Globais

imediata da pessoa, que nesse caso era o presidente da empresa. Mas Victor também sabia que muitos tentam delegar essa tarefa incômoda e difícil ao RH ou até mesmo a um subordinado. Confuso e surpreso, só conseguiu indagar: "Mas, chefe, o que foi que aconteceu?".

A resposta veio rápida e direta: "Como você pôde observar na nossa última reunião de diretoria, essa pessoa não colabora, não trabalha em equipe, não aceita liderança e vem demonstrando um comportamento de rebeldia em lugar da esperada lealdade comigo. Toma as decisões que quer, mesmo depois de termos discutido e deixado claro o rumo que devemos seguir. Já foi alertada várias vezes, mas ficou evidente que não quer mudar sua conduta", concluiu o presidente.

Victor lembrou que, na primeira reunião do comitê da qual participara assim que iniciou na empresa, havia conhecido o tal gerente da unidade da Argentina. Era um senhor alto, forte e grisalho, de voz e personalidade marcantes. E na primeira visita que Victor fizera à operação argentina, ele o advertiu com voz sonora e assertiva: "Aqui está a nossa rota!", enquanto apontava para um mapa fixado na parede com ilustração de uma estrada em direção às montanhas.

Também se recordou das palavras que aquele senhor lhe havia dito a respeito da área de RH: "vocês precisam medir o clima atual para saber onde se encontram e assim poder mensurar o progresso", afirmou categórico. Conceito com os quais Victor concordava, mas se incomodara com o ar de desafio daquele gerente que parecia achar-se genial e dono da verdade.

No meio desse turbilhão de lembranças e questionamentos, Victor conseguiu perguntar: "Você não acha que a pessoa mais indicada para despedi-lo é você?". "Não posso!", respondeu o presidente. "Estou no Rio de Janeiro para participar de uma reunião com um cliente potencial. Mas você pode ir até lá e comunicar a dispensa e voltar no mesmo dia. Afinal, Buenos Aires está a apenas duas horas de voo de São Paulo. Logo que estiver lá com o gerente, ligue no meu celular e eu falarei com ele por telefone". Despediu- se com um "até logo" e desligou.

Victor não viu outra saída senão cumprir as ordens que lhe estavam sendo dadas e se consolou: "Bem, pelo menos o presidente falará com ele por telefone quando eu estiver lá e lhe dará, ele mesmo, a notícia"

Com este pensamento, se sentia menos incomodado – mesmo tendo de ir contra o que achava certo e de enfrentar a tão desagradável missão, e ainda encarar o porte e a agressividade do gerente, tentando convencer-se que a missão poderia não ser tão "impossível" assim como imaginara logo que recebera a ordem do presidente.

Como podemos constatar, Victor tinha recebido uma ordem clara e direta, e dispunha de pouca informação, pelo pouco tempo de casa, para cumprir a missão com a esperada eficácia.

Refletindo e aprendendo - Exercício 1

a) O que você, leitor, faria diante de tais situações?

Tente se colocar numa situação tão delicada quanto esta e responda às seguintes perguntas:

1. Que atitude teria se estivesse no lugar do diretor de RH? _____
_____;

Capítulo 3 • Novas Competências de Profissionais Globais

2. De quais informações necessitaria para enfrentar a situação? _____
_____ ;
3. Mesmo com tão pouco tempo de casa, quais informações tentaria obter para lidar com o difícil caso? _____
_____ ;
4. Iria diretamente à Argentina e cumpriria a ordem do presidente ao pé da letra? _____
_____ ;
5. Que atitude teria para não falhar justamente na sua primeira missão na empresa?_____
_____ .

Considere, antes de responder, que o pedido demandava uma ação rápida e absolutamente eficaz, uma vez que qualquer problema decorrente dessa empreitada significaria um mau começo e uma marca negativa na carreira do profissional em questão.

b) O que o Victor fez – compare

Victor entendeu que o passo seguinte seria exercitar duas das mais apreciadas competências de um profissional de RH: proatividade e análise e solução de problemas:

1. Fez seu "dever de casa", preparando um *checklist* de demissão;
2. Recorreu às técnicas de *PDCA** para análise e solução de conflitos;
3. Manteve um comportamento ético e humano;
4. Avaliou o impacto negativo que essa decisão poderia ter no ambiente da empresa;
5. Considerou que outros diretivos da empresa poderiam se sentir afetados em sua credibilidade.

É certo que, para fazer a "lição de casa", é necessário buscar muita informação. Victor pensou: "Preciso de mais informação e devo contar com o apoio do gerente de RH local, mas ainda não posso lhe comunicar a decisão, porque no momento o assunto é estritamente confidencial e deve se manter assim, pelo menos até que eu esteja no escritório da empresa na Argentina".

Quadro 7: O ciclo *PDCA*, de *Shewhart*, ou ciclo de *Deming**

***Plan* (planejamento)**	Definição da missão, visão, objetivos, metas, procedimentos e processos (metodologias) e recursos necessários para atingir os resultados.
***Do* (execução)**	Elaboração do plano de ação, prioridades, execução de cada etapa das atividades.
***Check* (verificação)**	Monitoramento periódico das etapas do plano, avaliando desvios com a meta traçada, revisando a efetividade dos processos, confrontando-os com os objetivos traçados com as especificações, consolidando as informações e produzindo relatórios de avaliação de resultados.
***Act* (ação)**	Atuando de acordo com o avaliado e com os relatórios para a melhoria dos processos, corrigindo desvios, elaborando novos planos de ação, de forma a melhorar a qualidade, a eficiência e a eficácia, aprimorando a execução e revisando os indicadores.

Capítulo 3 • Novas Competências de Profissionais Globais

Competência: Análise e solução de problemas

A primeira coisa que Victor fez foi entrar em contato com um de seus pares, no caso o diretor financeiro, e, sem revelar o assunto, perguntou ao colega qual seriam as implicações administrativas no caso de ter que dispensar um gerente de unidade de negócio, em termos de aprovações, procurações, importação, exportação de produtos, governabilidade, etc.

Feita essa consulta, ligou de seu celular diretamente ao VP de RH nos Estados Unidos, seu chefe indireto, relatando a ordem recebida, posicionando-se sobre quem considerava ser a pessoa mais indicada para executar tal função, no caso o próprio presidente, mas que diante da ordem recebida ele teria que cumpri-la no lugar dele. Informou ainda algumas providências que planejava tomar para cumprir a ordem. Assim, aos poucos foi produzindo mentalmente um processo de como executaria essa tarefa.

Logo após informar a decisão a seu chefe corporativo indireto, teve clareza de que a próxima ligação deveria ser feita para o escritório de advocacia que atendia a empresa na Argentina. Não restavam dúvidas de que os advogados deveriam ser os primeiros a ser comunicados e incluídos para facilitar a execução da demissão. Entrou em contato com eles em Buenos Aires para marcar uma reunião antes de realizar qualquer movimento concreto.

Nessa reunião de quase duas horas, todos os fatos e motivos da dispensa do gerente foram relatados e analisados. Victor solicitou que os advogados preparassem toda a documentação necessária para o processo de demissão, de acordo com a lei, e tomassem todas as medidas para destituir a referida pessoa da função de representante legal da empresa e nomeassem um procurador para ocupar o cargo interinamente. Também solicitou um advogado para acompanhá-lo na formalização da dispensa.

Somente após essa reunião, decidiu chamar o gerente de RH local para comunicar a difícil decisão e qual seria a estratégia a ser adotada para a demissão, procurando ainda saber por meio dele, que trabalhava próximo do referido gerente, se havia algum impeditivo legal, pessoal, familiar ou de saúde para realizar a dispensa.

A competência em ação:
Análise e solução de problemas

O primeiro passo para exercitar essa competência é fazer o "planejamento", iniciando com a elaboração de um *checklist* para as etapas do processo. E assim foi feito:

1. Recebimento da decisão da dispensa do gerente;
2. Elaboração do planejamento enquanto se deslocava para executá-lo;
3. Lista das informações necessárias para montar o plano de ação;
4. Consulta confidencial a um de seus pares da empresa;
5. Averiguação das implicações do processo de desligamento na governabilidade e no clima interno da empresa;
6. Comunicação do fato à VP de RH no exterior, seu chefe indireto, posicionando-se a respeito do assunto;
7. Comunicação do fato ao escritório de advocacia no país do executivo;

Capítulo 3 • Novas Competências de Profissionais Globais

8. Revisão do *PDCA** na reunião com os advogados, verificando as implicações legais do processo de desligamento;
9. Confirmação de que toda a documentação necessária estava sendo providenciada;
10. Reunião com o gerente de RH local, explicando a decisão tomada pela empresa e solicitando seu apoio;
11. Averiguação com o gerente de RH da existência de algum impeditivo legal, pessoal, familiar ou de saúde que pudesse ser usado contra a dispensa;
12. Execução do plano, dirigindo-se à empresa e aguardando a comunicação da dispensa, via telefone, pelo presidente;
13. Execução da ordem recebida entregando a carta de demissão na presença do advogado;
14. Imediatamente após execução da ordem recebida, reunião com a assistente do gerente demitido, pedindo seu apoio e a continuidade do trabalho e se colocando à disposição;
15. Elaboração de um comunicado interno incluindo informações relevantes, tais como a maneira de decidir afetaria os colaboradores e quem seria o responsável interino;
16. Comunicação do fato aos líderes dos departamentos e entrega do comunicado para que o oficializassem perante suas equipes;
17. Formalização por escrito do desligamento junto às áreas de RH, TI, Finanças, Comercial, Segurança, Escritório Central em São Paulo, clientes, fornecedores, líderes de opinião e quadros de avisos;
18. Finalização da primeira etapa da ordem recebida, dando *feedback* ao presidente da empresa e ao VP de RH da matriz.

Refletindo e aprendendo - Exercício 2

Caro leitor, a missão do novo diretor de RH quanto à ordem recebida lhe parece ter sido bem executada? Então vejamos:

1. A seu ver, o demitido em questão merecia, pelo exposto até aqui, toda a atenção que foi dispensada a seu processo de demissão? _____
_____;
2. Na sua opinião, houve "excesso de zelo" por parte do diretor de RH? _____
_____;
3. As competências de análise e solução de problemas e de busca pela informação lhe parecem necessárias? _____
_____;
4. Pela pouca informação disponível e pela dificuldade em cumprir a ordem recebida, acredita que o trabalho foi bem executado? _____
_____;
5. Haveria outros caminhos para a condução desse processo de demissão?
_____
_____;
6. Considera necessária a verificação de todos esses detalhes para se executar um plano de demissão, como ocorreu nesse caso? _____
_____;
7. Acredita o leitor que um *checklist* de demissão, para cargos-chave, deva ser elaborado tal como se procede num processo de contratação? _____

Capítulo 3 • Novas Competências de Profissionais Globais

_____;

8. Concorda que o processo de demissão, nesse caso relatado, foi bastante completo, bem planejado e bem executado? _____

_____;

9. Na sua opinião, faltou algum procedimento para melhor executar a ordem recebida? Indique:

_____

_____;

É de suma importância que um processo de demissão seja bem planejado e executado corretamente, porque nem sempre desligamentos como esse terminam bem. São de responsabilidade da área de RH a proatividade, o bom planejamento e o preparo do chefe imediato da pessoa envolvida, para que haja uma boa execução, minimizando eventuais riscos de ser surpreendido com algum imprevisto que possa impedir a dispensa na hora da comunicação, colocando a chefia num impasse. E no caso relatado poderia ser o próprio diretor de RH ou qualquer outra pessoa que teria que cumprir com esta missão.

O planejamento, execução, verificação e ação são extremamente importantes na minimização das implicações posteriores à execução de demissões de qualquer cargo, sejam elas por motivo de *performance*, *compliance** ou insubordinação. Um planejamento mal feito pode acarretar entraves ao bom andamento dos negócios, comprometer a motivação interna e causar danos à imagem da empresa.

---
1 Cumprimento dos Princípios, Procedimentos, Valores, Ética e Legislações.

Implicações posteriores

Embora nos pareça que, no caso, o processo de desligamento foi bem administrado, é importante observar o que ocorreu posteriormente à dispensa do gerente. Ele ficou terrivelmente afetado e irritado, principalmente pela forma como havia sido despedido (via telefone) por seu chefe imediato. Isso era de se esperar, já que o processo de transição psicológica pelo qual passa qualquer pessoa ao vivenciar uma situação de alto estresse como dispensa do emprego vai desde o estado de choque inicial, de revolta, inconformismo e negação da decisão até a lenta assimilação do fato. Por isso, é tão importante cuidar dos detalhes, para que todo o processo de dispensa de um colaborador seja tão efetivo e completo quanto um processo de seleção.

Vejamos algumas implicações que um processo como esse pode ter para uma organização ou instituição, principalmente quando se trata de um cargo de nível mais elevado ou técnico.

Entraves acarretados - bateu na trave!

Poucos dias após a demissão, Victor foi convocado pelo próprio VP de RH, que lhe comunicou a denúncia de falta de ética, feita pelo ex-gerente diretamente ao CEO de sua empresa na casa matriz, junto com uma reclamação trabalhista e um processo por danos morais movidos contra a empresa.

O VP Solicitou, então, a Victor que recapitulasse todo o ocorrido e as razões pelas quais o ex-empregado havia sido demitido, como o processo havia sido condu-

Capítulo 3 • Novas Competências de Profissionais Globais

zido e o motivo pelo qual o presidente da empresa não comunicou pessoalmente a dispensa, sendo esta uma de suas responsabilidades

O diretor de RH, por sua vez, tinha todo o processo da dispensa muito claro e o recapitulou passo a passo.

- Recapitulou a ordem recebida do presidente;
- Sua ligação telefônica ao VP de RH comunicando os termos da ordem recebida;
- Seu posicionamento a respeito de ser o próprio presidente a pessoa mais indicada para executar a demissão;
- Sua análise e planejamento para cumprir a ordem e conduzir o processo da melhor forma possível, tentando minimizar os impactos negativos;
- Repassou para o VP os 18 passos do *checklist* acima, utilizado para a análise e solução do problema e para a boa execução do processo.

Valores e ética - Perguntas de compliance

O VP de RH da matriz parecia entender e concordar com toda a explanação de Victor; entretanto, antes de encerrar, ainda fez algumas perguntas curtas e grossas, cujas respostas deveriam ser dadas com muito cuidado:

- E você concorda com os motivos dessa dispensa?
- Você acredita que o presidente foi justo e imparcial na decisão dele?
- Você acha que esse processo teria sido mais bem executado com a participação do presidente?

Caro leitor, certamente você passará por situações similares a esta e será necessário que suas respostas sejam inteligentes e assertivas para não complicar uma situação por si só delicada. Já que qualquer erro a mais no processo trará mais complicações à já confusa situação.

Dessa forma, deve ser tomado como um exercício de reflexão que sirva para ajudar a solucionar conflitos que porventura venham a ocorrer. A sugestão é que se pense "fora da caixa", "fora do previsível", para se ter *insights*, porque é aí que residem as novas competências que, somadas à sua experiência e ao conhecimento do contexto em que atua, poderão lhe dar excelentes soluções.

Portanto, é de suma importância manter-se permanentemente atualizado, adquirindo novas competências e se preparando para enfrentar as demandas do negócio em si e as constantes mudanças do mercado competitivo, de modo a poder atuar proativamente.

Novas competências que agregam valor!

Vários estudos apontam as novas tendências no setor de Recursos Humanos, as quais demandam novas competências dos profissionais que atuam nessa área, sumarizadas no quadro a seguir.

Quadro 8: Novas competências que agregam valor!

Competências	Capacidades
Conhecimento do negócio	Entendimento e parceria
Visão estratégica	Pensamento analítico
	Pensamento conceitual

Capítulo 3 • Novas Competências de Profissionais Globais

Parceria com a liderança	Orientação aos clientes
	Autoconfiança
	Relacionamento
	Trabalho em equipe
Planejamento estratégico	Visão do negócio
	Orientação estratégica
Gestão centrada no indivíduo	Desenvolvimento de pessoas
	Direcionamento de pessoas
	Liderança de equipes
Gestão do conhecimento	Confiança interna
	Coaching e *mentoring*
Aprendizagem contínua	Iniciativa/inovação
	Agilidade
	Flexibilidade
Avaliação de resultados	Orientação ao resultado
	Indicadores de resultados
	Impacto e influência
Gestão da mudança	Diagnóstico interno
	Governança corporativa
	Cultura organizacional

Refletindo e aprendendo - Exercício 3

Se o leitor estivesse no lugar de Victor, como responderia às perguntas feitas pelo seu chefe indireto?

- Observe que, se de um lado estava sendo questionada a atitude de valores e ética do presidente, chefe direto de Victor, de outro também o VP de RH estava sendo ameaçado e ambos teriam ainda de dar mais explicações ao *CEO* e ao conselho

consultivo da matriz da empresa, diante de tão séria denúncia de *compliance**.
- Cumprimento dos princípios, procedimentos, valores, ética e legislações.

Ainda que o estudo de caso exemplifique uma ocorrência num nível mais elevado de atuação profissional de um executivo de RH, de quem se exigem competências mais estratégicas e inter-relacionais que técnicas, esse exemplo, como dissemos, tem validade para todos os níveis de profissionais de RH, já que temos aqui um objetivo mais abrangente, que é reforçar a capacidade estratégica em todos os níveis da estrutura da área.

Refletindo e aprendendo - Exercício 4
identificação de evidências de competências

1. Algumas competências já foram identificadas no *case* de Victor e, com base no sumário do catálogo de competências acima, peço ao leitor que identifique três competências adicionais mais visíveis no caso.

a) _____.
b) _____.
c) _____.

2. Sugiro que faça o mesmo exercício, identificando no catálogo duas competências que você precisa melhorar para potencializar o seu desempenho no cargo que ocupa atualmente ou venha a ocupar.

Capítulo 3 • Novas Competências de Profissionais Globais

a) _____ .
b) _____ .

Continuando, responda às sete perguntas abaixo e depois revise as duas competências que precisam ser melhoradas, comparando-as com as respostas dadas às perguntas.

1. Em que nível de execução estou trabalhando atualmente?
2. Que problemas estou demorando muito para resolver?
3. Existem problemas que são recorrentes no meu modo de atuar?
4. Quais são os motivos pelos quais certas situações recorrentes não mudam?
5. Tenho tido surpresas desagradáveis no trabalho?
6. Tenho pensado "sempre foi feito assim" e por isso mesmo "não deve ser mudado"?
7. Será que os resultados que venho obtendo se limitam pelos recursos que me são oferecidos?
8. Quanto do plano estratégico da área você não está realizando?

É melhor ser realista e autoavaliar-se sempre para tomar a iniciativa do autodesenvolvimento, do que ter de enfrentar os desagradáveis *feedbacks* negativos da chefia. Este *case* da ordem recebida alerta para a frase óbvia quando o assunto é competências: "As pessoas com as competências adequadas ao cargo sem dúvida têm desempenho superior" e isso deve ser motivo de reflexão para os profissionais de RH, que precisam ter isso sempre em mente.

Resumo do capítulo 3

NOVAS COMPETÊNCIAS DE PROFISSIONAIS GLOBAIS

- O estudo de caso realizado anteriormente serve para ilustrar quais novas competências são exigidas dos profissionais gestores de RH;
- Demonstra as indispensáveis competências de visão estratégica, relações interpessoais e gestão da mudança;
- Evidencia que o processo de demissão é tão ou até mais complexo e delicado que o de contratação;
- O planejamento, execução, verificação e ação podem ajudar a antever riscos de não cumprir Princípios, procedimentos, valores, ética e legislações;
- Ilustra a postura correta da ética e o senso de justiça exigidos dos profissionais de RH, quando no exercício da profissão;
- Fornece elementos para a reflexão sobre como é importante gerar alta credibilidade na área de RH, por meio de competências reais e de ética que agregam valor ao negócio.

Capítulo 4

ROMPENDO PRECEITOS E ORIGINANDO NOVOS PARADIGMAS

(Imagem e aporte de RH aos negócios e/ou atividades tanto do ponto de vista dos profissionais da área quanto dos seus distintos públicos)

Capítulo 4

Sem dúvida, conhecer outros países e outras culturas, novos hábitos alimentares, comidas diferentes, maneiras de se vestir e se comportar; ter contato com novos idiomas, com a música e a arte de outros povos, é uma vivência extraordinariamente enriquecedora, pois alarga nossos horizontes e nossa visão de mundo.

A experiência de viver e trabalhar em outro país, por sua vez, é ainda mais instigante e profunda, pela oportunidade de aliar nossa cultura e experiência profissional a outras formas de atuar e trabalhar, ampliando nossos valores e concepção do trabalho, porque acompanhar o estilo particular de gestão dos profissionais de outros países, sem dúvida, expande e aperfeiçoa nossa atuação e visão profissional.

Sabemos que, com a abertura do mercado global cada vez mais aumenta a quantidade de companhias que estão transferindo, ou enviando, profissionais de um país a outro, como parte de seus programas de desenvolvimento e retenção de talentos.

Residir e trabalhar em outro país era, pois, um dos meus objetivos profissionais, por propiciar crescimento em minha carreira e realização pessoal e assumindo uma responsabilidade em âmbito regional.

O desafio de morar no exterior

Mas também é preciso considerar que a experiência de residir e trabalhar no exterior, embora instigante e de inegável aprendizagem e crescimento, também constitui um desafio de adaptação e de superação enorme, que somente quem passa pela experiência entende o que ela significa.

A oportunidade de vivenciar essa experiência chegou para mim em 2002. Não foi uma transferência, mas uma proposta para residir e trabalhar na Costa Rica – onde eu deveria assumir a responsabilidade de comandar a área de Recursos Humanos em vários países da América Latina e do Caribe. Apesar de, na ocasião, eu ainda não ser fluente em espanhol, me defendia bem com o meu "portunhol" e dominava bastante bem o inglês devido aos anos de trabalho em multinacionais. Foi com esse conhecimento do inglês, e meu espanhol sofrível, que consegui passar em todos os testes e entrevistas do longo processo de seleção.

E assim me mudei para San José na Costa Rica, América Central. Mas, logo na primeira semana do meu processo inicial de integração, duas situações me foram colocadas como meus primeiros e grandes desafios.

Capítulo 4 • Rompendo Preceitos e Originando Novos Paradigmas

A primeira situação ocorreu quando fui convidado a fazer parte da reunião do *Staff meeting*, a reunião mensal da diretoria do grupo onde cada diretor faz a apresentação de suas metas e do estágio de desenvolvimento de cada uma delas. Logo que surgiu o primeiro ponto, que requeria uma decisão da equipe de diretores, o presidente do grupo interrompeu e perguntou: "Quem vai fazer a minuta da reunião?" Até hoje, não sei por que cargas d'água ele me olhou e me escalou para fazer a minuta: "É você quem vai fazer!"

Foi terrível não só pela dificuldade de entendê-los com meu escasso vocabulário, mas também pela velocidade com que a língua espanhola é falada e, acima de tudo, pela enorme dificuldade de compreender os diferentes sotaques dos diretores, já que a equipe era composta por executivos costa-riquenhos, mexicanos, salvadorenhos, colombianos, equatorianos, brasileiros e até suíços.

Porém, não fosse esse "fracasso", provavelmente não teria começado minhas aulas de espanhol às sete horas do dia seguinte.

Eu já tinha vivido situação tão incômoda quanto esta quando participava de "reuniões estratégicas" que, embora assim chamadas, eram, na verdade, reuniões operacionais. A linguagem técnica empregada nessas reuniões dificultava o meu entendimento, até que entendi que, se alguém de inteligência média não compreende o que é tratado numa reunião "estratégica", é porque ela não é estratégica.

A segunda grande lição veio dois ou três dias depois, quando fui chamado para minha reunião de integração inicial na sala da vice-presidente de responsabilidade social do grupo. Ela me explicava resumidamente como cada país estava desenvolvendo as iniciativas para cumprir os compromissos de responsabilidade social assumidos no relatório de sustentabilidade do grupo.

Num determinado momento, ela me fez uma pergunta: "A quem, na sua opinião, deve reportar-se o técnico de saúde e segurança de cada planta?" Ela queria saber se eu achava que deveria reportar-se à área de RH ou à gerência de produção da unidade.

No meu balbucio, tentei explicar que conhecia as duas experiências, a do técnico se reportando tanto à área de RH quanto à gerência de produção. E que tinha podido perceber que o técnico desenvolve melhor o seu trabalho reportando-se ao gerente de produção, por estar próximo de onde as coisas acontecem. Mas quando se reportava ao RH, tendia a envolver-se com rotinas do escritório, ficando mais distante da fábrica onde deveria atuar em situações inseguras.

A VP pareceu concordar comigo e disse de pronto: "Muito bem, assim o técnico receberá todo o apoio do RH quanto às atualizações das políticas, dos procedimentos e dos relatórios da área que ele tem que produzir, inclusive quanto a implantação de campanhas".

Tendo conseguido agradar à VP com uma resposta que ela considerou coerente, não passaram nem duas semanas após deparar-me com o problema de minha dificuldade com o idioma quando tive de enfrentar outro bem maior. De cada três executivos da casa matriz, dois acreditavam que o papel da área de Recursos Humanos se limitava a cuidar da manutenção de um bom ambiente de trabalho – ou seja, copa e cafezinho, limpeza, segurança, estacionamentos, chaveiros, caixas de sugestões e bolo dos aniversariantes do mês, além das contratações, administração dos salários, cálculo das comissões e, se sobrasse um tempinho, dar uma olhada nas pesquisas de clima laboral.

Em compensação, e para minha surpresa, quando entrei em contato com as plantas, instaladas nos 13 países da região, a proporção se invertia. De cada três gerentes de unidade de negócio, pelo menos dois entendiam e apoiavam as iniciativas diferenciadas da área de RH, principalmente aquelas voltadas para os processos de desenvolvimento de competências, do clima interno e de sucessão dos recursos gerenciais que já estavam em andamento.

Isso posto, a primeira iniciativa de meu plano estratégico foi apoiar e fortalecer esses processos iniciados nesses países e ampliá-los para os demais.

A outra iniciativa, em paralelo, foi difundir as mudanças ocorridas na nossa área. Para isso, apoiei-me nas diversas pesquisas e estatísticas que comprovavam não só as novas demandas de mercado, mas também as necessidades das empresas de efetuar mudanças nos seus modelos de gestão de RH – o que, com certeza, mostrava ser o RH uma das áreas que mais se transformaram e tiveram de mudar seu modelo de gestão, passando das melhores práticas de pessoal na década de 1990 para práticas como a de consultor interno de RH na década de 2000 e, a partir de 2010, para *business partner* ou sócio estratégico do negócio.

Como temos de levar em conta que estamos vivendo tempos em que o potencial humano está tendo sua maior valorização na questão capital-trabalho, em que o fator gente passa a ser a chave do sucesso de todo negócio ou atividade, não é difícil concluir o quanto empresas e organizações estão deixando de ganhar e como será difícil para elas manter a sustentabilidade se seus gestores não acompanharem a evolução da gestão focada em pessoas.

Os *cases* apresentados a seguir ilustram a compreensão limitada do verdadeiro papel da área de Recursos, dificultando sua contribuição aos negócios e/ou atividades:

Case 1: O dono da festa – São Paulo

Festa de confraternização de fim de ano organizada somente para os empregados, num sítio alugado pela empresa. O evento, previsto para um dia de sábado, havia se iniciado lá pelas nove horas da manhã, com jogos de futebol, torneios de jogos de salão, churrasco e bebidas. Seu término estava previsto para as cinco da tarde. Antes ainda das quatro da tarde, os diretores e gerentes que haviam comparecido à festa já tinham se retirado do local.

A tarde deste sábado de verão, com um céu de brigadeiro, como se costuma chamar um céu limpo e sem nuvens, transcorria razoavelmente tranquila, quando se ouviu, ao longe, um burburinho que logo se revelou num tumulto, com gritos vindos das proximidades da piscina. Saímos correndo para verificar o que estava acontecendo e, se preciso, prestar algum auxílio. Deparamos com um espetáculo, no mínimo, grotesco: a visão de um homem completamente nu, encarapitado no trampolim da piscina, em franca exibição de sua nudez, surpreendendo e escandalizando homens e mulheres ali presentes.

Sem dúvida, o fato se deveu ao excesso de bebida alcoólica e à consequente perda de autocontrole e da noção de ética e moralidade, princípios básicos para qualquer convivência social. Essa pessoa era nada mais nada menos que o chefe do Departamento de Compras da empresa. Uma pessoa simpática, com mais de dez anos na companhia e, sem dúvida, bastante conhecida pela maioria dos quase 300 colaboradores.

A confusão estava armada. Enquanto alguns colegas de trabalho gritavam para que ele mergulhasse na piscina, outros atiravam toalhas para que ele nela se enrolasse, ao mesmo tempo em que o encarregado do sítio esbravejava: "Quem é o responsável por esta festa? Onde está o responsável por esse absurdo? Vou chamar a polícia!".

Acredito que o leitor pode imaginar a cara e a suadeira do gerente de RH naquele momento de transtorno e total desconforto. Qualquer ação que ele tomasse naquele instante (encerrar a festa, chamar a polícia, punir o indivíduo, etc.) com certeza não evitaria o vexame e os rumores no ambiente de trabalho na segunda-feira seguinte.

O gerente de RH agiu rápido e intuitivamente tomou a decisão que lhe pareceu mais adequada naquela insólita situação: interrompeu a festa imediatamente. Solicitou aos motoristas dos ônibus que transportavam os participantes que buzinassem e avisassem no megafone que partiriam em 15 minutos.

O gerente de RH deve ter pensado: "Ainda bem que não foi pior", considerando a proporção do desastre se os filhos e cônjuges dos colaboradores houvessem presenciado aquela cena tão bizarra. Felizmente, eles eram convidados de dois em dois anos para a festa de fim de ano. E este era o ano do intervalo.

E com certeza remoía: "Que dinheiro jogado fora!", avaliando que o objetivo da festa havia se perdido e que por uns bons dias o fato teria repercussão nas relações entre colegas e na produtividade deles.

Refletindo e aprendendo

Nesse caso, o gerente de RH era o responsável "único" pela festa. Afinal, era chamada "a festa do RH". E como dono da festa, corria o tempo todo de um lado a outro, trabalhando e resolvendo problemas. Sabia que seria responsabilizado por qualquer anormalidade que viesse a acontecer. E, diante do ocorrido, já se imaginava sendo submetido a interrogatório e julgamento, tendo que se preparar para:

- Explicar aos demais diretores da empresa porque "havia deixado" um dos colaboradores se exibir sem roupa na "sua festa";
- Explicar como ocorreu o problema e as medidas tomadas para resolvê-lo de imediato;
- Explicar quais as medidas disciplinares que iria aplicar para punir o "infrator";
- Explicar como faria para que problemas como esse não voltassem a ocorrer nos eventos organizados pela empresa;
- Enfim, explicar, explicar, explicar...

Voltemos então ao ponto principal, a falta de conhecimento do valor da área de RH para muitos gestores que, talvez influenciados pelos modelos de gestão de pessoas no passado, ainda acreditam que as atividades dessa área se resumem a coordenar festas e cuidar de outras tarefas circunstanciais, entre elas o comportamento das pessoas durante um evento – como se estivesse ao alcance do RH controlar o imprevisível comportamento humano.

Case 2: A festa é de todos - Costa Rica!

Estava eu reunido com um pequeno grupo de colegas de RH, após um dos nossos encontros mensais na associação de classe. O final do ano se aproximava e surgiu o assunto do trabalho do RH para a organização da famosa "festa de confraternização". Durante a conversa, um dos colegas, diretor de RH de uma multinacional, contou que foi indagado a respeito da logística do transporte fretado para levar os colaboradores à festa de fim de ano, dizendo que sua resposta havia sido: "Não tenho a mínima ideia!".

Essa resposta obviamente surpreendeu a quem perguntou igual a todos que estavam presentes na reunião. E logo continua a contar: "Mas você não é o responsável pela festa?" E aí, novamente para surpresa de todos e satisfação minha, a resposta assertiva do diretor de RH tinha sido: "Não! Não sou o responsável pelo transporte, nem a festa é de responsabilidade única do RH".

"De quem é a responsabilidade então?" Foi a próxima pergunta, que era de se esperar. Dessa vez, a contundente resposta do diretor de RH veio em forma de pergunta para todos: "A festa de fim de ano da empresa não é uma confraternização para o desfrute de todos?". "É... é verdade...", concordou a maioria. E o diretor de RH completou: "Não é justo então que o pessoal do RH também desfrute da festa?" Alguns ficaram em dúvida e questionaram: "Como assim"? O diretor continuou: "Ora, se as festas são para todos usufruírem, vocês hão de convir que, se a incumbência de planejá-las, organizá-las e realizá-las ficar sob a responsabilidade exclusiva dos profissionais de RH, eles nunca poderão desfrutá-las".

Depois ponderou: "Se os eventos são para todos os departamentos da empresa, não lhes parece justo e correto que eles sejam organizados por todos os departamentos?". E completou: "Digo mais, se o departamento de compras é *expert* em negociar e comprar produtos e serviços, é também o mais indicado para negociar todos os produtos e serviços dos eventos da empresa. Afinal de contas, a responsabilidade pela organização de eventos, tais como festas, campanhas internas, comemorações, bem como a responsabilidade pelo sucesso desses eventos, deve ser de todos os departamentos. Assim como usufruir também é um direito de todos".

E encerrou sua "aula" dizendo, com ironia, que, como diretor de RH, iria chegar à festa de fim de ano quando ela estivesse pela metade. Assim ficaria claro que a festa não estava vinculada a ele, mas ao anfitrião, o diretor de *Marketing*.

Como afirmei de início, muito me agradou a resposta corajosa, verdadeira e categórica dada pelo diretor de RH, quando disse "não ter a mínima ideia" de quem cuidaria do transporte para levar os participantes à festa da empresa. Concordei em gênero, número e grau com sua "aula", que corroborava o que eu vinha praticando desde que passei a ocupar o cargo de gerente de RH, há quase uma década, coordenando eventos internos por intermédio de um comitê representado por todos os departamentos da empresa, no qual cada um tem sua responsabilidade definida.

Minha experiência comprova que o resultado de uma atividade bem-sucedida é produto de um planejamento e execução de equipes multifuncionais. Um evento comemorativo ou outro qualquer que envolva representantes de distintos setores, além de melhorar a interação entre esses setores, traz grandes benefícios na comunicação e na integração entre todos que dele participam, propiciando maior desfrute e um sentimento de realização individual e coletiva.

Refletindo e aprendendo

A experiência vem demonstrando que formar um comitê com representantes de todos os setores da empresa é a melhor forma de organizar não somente festas, mas também qualquer outro tipo de evento ou campanha interna, por propiciar vários benefícios diretos e indiretos para a empresa ou instituição. Para isso, então, é fundamental levar em conta os seguintes aspectos:

- Distribuição equitativa das tarefas e responsabilidades;
- Habilitação de cada setor, para facilitar o planejamento e a execução;
- Maior entrosamento entre os integrantes do comitê;
- Estímulo ao trabalho em equipe e à comunicação;
- Atuação dos integrantes do comitê como multiplicadores na divulgação;
- Mestrar uma imagem de RH como parceiro estratégico.

Case 3: Fazer os "gols" ou "carregar "a bola? – São Paulo

Dando continuidade ao relato dos acontecimentos que comprovaram a prisão aos velhos paradigmas de RH (e que em muitos lugares ainda prevalecem), descrevo mais uma experiência importante.

Lembro-me deste fato como se tivesse ocorrido ontem. Tinha acabado de me incorporar à Lear Corporation, líder mundial no segmento de acabamento de interiores de veículos, quando o presidente da empresa entrou no meu escritório e me relatou uma série de prioridades para as quais ele necessitava do apoio da área de Recursos Humanos.

Dentre essas prioridades, ele dizia que necessitava melhorar a parceria e colaboração entre seus diretores para que viessem a atuar como se fossem "um só time". E assim pudessem trabalhar num clima de maior colaboração uns com os outros, evitando os "jogos de poder" e comportamentos contrários à cultura que prevalecia na matriz nos Estados Unidos.

Com base na informação do presidente, parti para o trabalho por ele solicitado fazendo um diagnóstico da empresa, para entender melhor o negócio, seus produtos e serviços, os principais desafios de cada departamento, as políticas e o ambiente de trabalho que caracterizavam a cultura da empresa naquele momento, recorrendo a um processo que pudesse me dar mais subsídios para iniciar o trabalho de RH. Dei os primeiros passos nessa direção:

- Pesquisando sobre a cultura da empresa, suas políticas e estilo de liderança;
- Participando de reuniões e fazendo enquetes com líderes e colaboradores;
- Procurando definir, ainda com alguma limitação, como as decisões eram tomadas;
- Visitando cada setor de engenharia e produção para conhecer os produtos e serviços;
- Perguntando e discutindo sobre os objetivos de cada setor nos negócios;

Capítulo 4 • Rompendo Preceitos e Originando Novos Paradigmas

- Analisando quais eram os últimos treinamentos realizados;
- Verificando a existência de pautas, minutas e planos de ação das reuniões que confirmassem ou não se eram produtivas.

Essas informações serviram como diagnóstico tanto para atender à solicitação do presidente quanto para levantar outras prioridades que requereriam ações rápidas da área de RH, tais como:

- Melhorar a integração entre diretores para atuarem como "um único time".
- Reduzir o "feudalismo" dos departamentos, buscando a colaboração, a comunicação verdadeira e a sinergia.
- Promover ações motivadoras para todos os colaboradores, baseadas no empreendedorismo interno e numa maior participação que decorra desse empreendedorismo.

Com o resultado do diagnóstico e as ideias que tinha em mente, propus na reunião do comitê executivo o lançamento de um programa chamado empreendedor interno, buscando moldar a cultura interna para deixá-la mais próxima da estratégia que o negócio demandava. Tudo isso se traduziu em duas ações estratégicas:

1. Coordenação de *workshops* sobre técnicas de liderança;
2. Realização de dinâmicas *outdoor training* – ao ar livre.

Em linha com a solicitação do presidente e com o diagnóstico, era óbvio que deveríamos iniciar o programa empreendedor interno com os diretores, para depois fazer com que ele permeasse toda a organização. Portanto, iniciamos o *workshop* de liderança na reunião do *Staff meeting**, organizada fora da empresa. Os diretores foram muitos receptivos ao treinamento, participaram das dinâmicas e das discussões com entusiasmo. Sem dúvida, o objetivo do RH nesse primeiro evento havia sido bem-sucedido, mas, apesar disso, ocorreram na sequência duas situações que mostraram a visão que esses executivos tinham da área de RH e o que esperavam dela.

Primeiro fato

A atividade de *outdoor training* consistia em um jogo de voleibol entre os diretores, cuja quadra havia sido reservada pela assistente do presidente.

Eu, como diretor de RH, fazia parte de um dos times. Era uma bonita tarde de verão e todos se mostravam animados por estarem ao ar livre depois de várias horas de reunião e treinamento encerrados numa sala.

Uma vez todos os participantes reunidos na quadra de voleibol, percebemos a falta da ferramenta indispensável para a atividade: a bola.

"E a bola?", perguntavam entre irritados e surpresos.

"Como não se lembrar de trazer a bola?", indignaram-se outros. E logo começaram a gritar quase em coro:

"Ei, RH, onde está a bola?" "RH, cadê a bola?"

"Traga a bola, RH!"

Ainda em processo de integração com a equipe, também fui tomado de surpresa. Logo veio minha reação espontânea. Gritei:

* *Staff meeting* = reunião do comitê de diretoria.

Capítulo 4 • Rompendo Preceitos e Originando Novos Paradigmas

"Ei, Finanças, onde está a bola?" "Ei, Vendas, traga a bola!" "Ei, Compras, esqueceu de comprar a bola?" Todos se entreolharam e a risada soou coletiva. O detalhe aqui é que, mais do que uma situação engraçada, para mim foi uma constatação, pois esse simples fato explicitou o conceito que esses executivos tinham sobre o papel da área de Recursos Humanos.

Segundo fato

No ano seguinte, a área de RH coordenou um estudo para a terceirização da folha de pagamentos e a devida integração desta com o sistema de contabilidade da empresa contratante. Era preciso discriminar as responsabilidades de quem faria as alterações de salários e adicionais na folha de pagamentos (RH), bem como daqueles que faziam os cálculos e realizavam e contabilizavam os pagamentos (FINANÇAS). Este era um requisito até mesmo das empresas de auditorias. Entretanto, o fato é que, no momento da apresentação e aprovação do projeto junto ao comitê executivo, o diretor financeiro, surpreso com o que passaria a ser de responsabilidade de sua área, perguntou: "Mas se o RH não vai mais cuidar da folha de pagamentos, vai fazer o quê?".

Refletindo e aprendendo

Esses exemplos revelam velhos preceitos ligados às atividades e aos desafios da área de RH.

O meu intuito, ao conceber este livro, foi tentar romper com esse conceito errôneo e negativo e contribuir tanto para a atuação dos que trabalham na área de RH como daqueles que acreditam no inesgotável poder transformador das pessoas e das organizações empresariais.

Acredito, pois, que a imagem e a credibilidade que a área de Recursos Humanos deve transmitir não serão construídas somente com discursos, como acontece com certa frequência, mas, sim, com medidas efetivamente tomadas para que as práticas de gestão de pessoas sejam úteis, engajadas e capazes de apresentar resultados palpáveis aos negócios, por meio dos processos principais da área de RH, que consistem em atração, desenvolvimento, recompensa, reconhecimento e retenção de talentos, utilizando-se de novos indicadores de resultados.

Esses indicadores de resultados são complementares aos já utilizados nos processos de *turnover*, absenteísmo, horas de treinamentos e pesquisa de clima. E se estão duas vezes citados neste livro, é pela sua importância, por serem mais estratégicos e mais recomendados para medir os processos macros de gestão do talento, segundo as melhores práticas desenvolvidas na América Latina.

Quadro 9: Indicadores de resultados de RH

Nível de competências	% de Talentos com PDI*
Nível de preparação dos talentos	% de Talentos (potencias sucessores) com PDI
Remuneração alinhada à estratégia	% de Talentos acima de percentil 75 da faixa salarial
Nível de clima interno	% de implantação do plano de ação
Nível de atração e retenção de talentos	% de vagas preenchidas com talento interno
Nível de *turnover* voluntário	% da rotatividade de talentos em cargos-chave

* PDI = Plano de Desenvolvimento Individual.

Capítulo 4 • Rompendo Preceitos e Originando Novos Paradigmas

No mundo dos negócios, principalmente no contexto mercadológico atual, não se pode mais utilizar-se somente de boa oratória para mostrar resultados. A credibilidade é conquistada na medida em que resultados são apresentados e avaliados com base em indicadores previamente definidos, lembrando o que disse o diretor argentino demitido: "vocês precisam medir e saber onde se encontram e poder mensurar o progresso".

Gestão por resultados: uma fábula

"Um taxista e um sacerdote chegaram ao céu ao mesmo tempo. São Pedro os atendeu e logo mais soou o sino. O santo entregou ao taxista uma manta de ouro, um cetro de ouro e um broche de ouro. Ao sacerdote entregou os mesmos objetos, mas, em vez de ouro, os objetos eram de prata. O sacerdote protestou: "Não é justo, São Pedro. Por que eu, que dediquei tantos anos de minha vida pregando a Palavra Divina, recebo menos do que o taxista? Eu o conheci na Terra, pois morávamos na mesma cidade, e sei muito bem como era: dirigia mal, corria como louco, subia nas calçadas, desobedecia às leis de trânsito e assustava as pessoas".

São Pedro respondeu: "É que, aqui no céu, implantamos uma gestão por resultados: no seu caso, todas as vezes que você pregava a Palavra de Deus na paróquia, os fiéis bocejavam e dormiam. Ao passo que, quando as pessoas entravam no táxi desse nobre cavalheiro e ele começava a dirigir, as pessoas não paravam de rezar. O que vale é o resultado".

Sem dúvida, "o que" é tão importante quanto "o como" se faz algo, porque ambos são determinantes da qualidade dos resultados, que devem ser benéficos para todos.

O problema é que não existe um indicador que sirva para quantificar o que as empresas deixam de ganhar por praticarem conceitos ultrapassados. Mas, com certeza, fatores negativos estão afetando o seu *bottom line**.

Resumo do Capítulo 4

ROMPENDO PRECEITOS E FORMANDO NOVOS PARADIGMAS

1. Muitos gestores ainda pensam, equivocadamente, que o papel da área de RH se resume a coordenar eventos e outras atividades operacionais sem maior importância (já que são os primeiros a ser suspensos em momentos de crise) no andamento dos negócios;
2. A área de Recursos Humanos só vai conquistar credibilidade e uma imagem positiva quando estiver de posse de seu verdadeiro papel, que é praticar uma gestão de pessoas, moderna e atualizada, capaz de apresentar resultados palpáveis que agreguem valor aos seus clientes internos e aos resultados dos negócios;
3. Devemos considerar que os processos fundamentais da área de RH são aqueles voltados principalmente para a atração, o desenvolvimento, a recompensa, o reconhecimento e a retenção de talentos;
4. E, para executar suas metas de forma mais clara e objetiva, a área de RH precisa utilizar indicadores de resultados, adicionais aos indicadores de processos tradicionais, conforme indicado anteriormente.

---

* PDI = *Plano de Desenvolvimento Individual.*

Capítulo 5

APRESENTAÇÕES COM INDICADORES DE RESULTADOS

(Indicados para as reuniões de diretoria ou do conselho por estarem vinculados à estratégia de negócio. Lembre-se: se não medir, não existe)

Capítulo 5

Isso aconteceu comigo.
Lá estava eu num novo lance profissional. Entre os anos 2002 e 2003 havia aceitado um cargo de VP de RH na empresa transnacional Amanco Holding, do grupo NuevaGroup, sediada na Costa Rica. O desafio era, nada mais nada menos, que planejar, desenhar, implantar e garantir a execução de todas as estratégias de Recursos Humanos para mais de 20 fábricas em 13 países, com aproximadamente 6,5 mil colaboradores diretos.

Nos quatro anos anteriores, a Amanco Holding havia crescido, através de aquisições de várias pequenas unidades fabris, na produção de material de construção em PVC e necessitava da uniformização das políticas e dos programas da área de Recursos Humanos na região, desafio que exigiria pensar e se esforçar bastante, pois era vital o alinhamento interno das empresas do grupo.

As principais iniciativas para realizar esse processo entre os países haviam sido definidas em:

- Coordenar o plano de comunicação interna para implantação do *Balanced Scorecard*;
- Implantar o projeto de gestão por competências;
- Fomentar o projeto para originar uma cultura de inovação;
- Impulsionar o plano de carreira e sucessão, conhecido como PRG (Plano de Recursos Gerenciais);
- Alinhar os 13 países à estratégia do "zero acidentes", por meio do programa PST (Postos Seguros de Trabalho), vinculado aos indicadores de gestão de acidentes, importantes para "o prêmio de país com melhor desempenho do ano na prevenção";
- Assegurar o resultado da pesquisa de clima laboral.

As iniciativas estavam devidamente estruturadas com suas respectivas metas e se encontravam definidas para cada um dos 13 países da região. Portanto, o plano havia sido cuidadosamente elaborado com *inputs*, ou seja, com informações de todos os países – todas devidamente revisadas pelo CCRH, o Conselho Consultivo de RH, representado pelos gerentes de RH regionais, clientes-chave de RH, VP de RSE, Coordenador de Comunicações e Conselheiro – e submetidas à aprovação final do presidente.

Até aqui, tudo corria muito bem, pois tanto eu quanto os membros do CCRH que havíamos trabalhado na elaboração do plano estávamos na expectativa do lançamento e convencidos de que este seria incluído como o primeiro item na pauta da reunião trimestral conhecida como *staff meeting*, liderada pelo CEO* do grupo Amanco, na qual se reuniam desde os vice-presidentes da casa matriz até os gerentes gerais dos países e alguns líderes de projetos.

Portanto, motivados pelo impacto positivo que o Plano Estratégico de RH poderia proporcionar ao desempenho do Grupo e considerando sua abrangência – e tendo ainda como meta principal alinhar todas as iniciativas estratégicas da área –, a lógica nos dizia que a reunião se iniciaria pela apresentação do plano.

Isso pode acontecer com você também

Porém, meu entusiasmo se desfez num instante, passando de uma completa indignação para um estado de apreensão, ao constatar que, na agenda da reunião programada para ocorrer entre 8h e 18h, na qual haveria cerca de nove apresentações de 30 minutos, mais 30 minutos para debates e conclusões, a apresentação do Plano Estratégico de RH regional havia sido colocada no final da agenda, no "último minuto do segundo tempo".

Pode parecer incrível, mas o CEO do grupo Amanco que havia acabado de contratar um executivo expatriado de RH para integrar os seus países da América Latina, havia colocado a apresentação dele em último lugar, quase "caindo da agenda". É sabido que essas reuniões tendem a se atrasar, originando tensões e pressões nos expositores, ao sentirem o tempo apertando suas apresentações, o estresse se somando ao cansaço depois de

---

* *Chief Executive Officer.*

quase 12 horas "no ar", faltando-lhes energia para escutar, ver, entender e menos ainda apoiar um plano de grande envergadura.

Mesmo tendo superado a desmotivação inicial por haver-me sentido postergado, eu não dispunha mais de tempo, nem de entusiasmo, nem da energia necessária para apresentar o plano com afinco, muito menos para "vender" o plano, conseguir a "compra" por parte dos gerentes e receber o apoio necessário de meus clientes internos.

Sucesso do plano: o que fazer?

Frustrante, não? Que alternativa poderia haver neste caso? Bem, vamos deixar o desfecho da história por conta da imaginação do leitor. Todavia, fica aqui uma dica: o plano não devia e não foi apresentado naquela reunião. Os interessados em saber qual a solução que encontrei como responsável por RH podem escrever perguntando. A estratégia foi muito interessante. Vale a pena saber como foi.

Quem já viu este filme?
Filme 1: Esqueceram de Mim 3

Quantas vezes vocês já participaram de reuniões em que os projetos e objetivos da área de RH não faziam parte da agenda das reuniões de ciclos do comitê executivo?

Certamente, muitos dos colegas da nossa área já se perguntaram o porquê. E a resposta não pode ser outra senão que o nosso aporte não acrescentaria muito "aos assuntos importantes" a serem tratados. E sendo assim, muitos executivos do alto escalão das organizações têm a "memória fraca", se "esquecendo" com frequência de que a área de RH faz parte do "jogo".

Filme 2: O Último dos Moicanos

Inúmeras vezes, quando os temas de RH faziam parte da agenda da reunião do comitê executivo, pelas razões "conhecidas", eram incluídos em último lugar da agenda. E tinham de ser apresentados num tempo reduzidíssimo e numa velocidade difícil de acompanhar – muitas vezes tendo de cortar partes importantes, comprometendo a coerência das propostas. Não é difícil deduzir por que isso acontece.

Filme 3: Em preto e branco ou em cores?

Antigamente, os filmes eram em preto e branco. Quando surgiu o cinema em cores, as pessoas passaram a se desinteressar pelos filmes que não tinham a beleza das cores. Como havia filmes muito bons com a tecnologia antiga e para torná-los atraentes e atualizados, alguns sofreram colorização computadorizada. O resultado ficou longe do esperado – os filmes ficaram estranhos, com cores de má qualidade, sofrendo uma depreciação tenaz dos críticos e também não conseguindo agradar aos espectadores não especializados.

Então fui levado a fazer um paralelo entre os filmes colorizados e a situação de muitas empresas, ao constatar que cinco entre sete companhias, com as quais trabalhei ou prestei serviços, ainda insistem em reconstituir práticas antigas de 20 anos atrás. O filme continua sendo o mesmo, apenas adquiriu alguns efeitos de "colorização computadorizada", com resultados decepcionantes.

Filme 4: Perdidos no Espaço

Sem querer discutir o que surgiu primeiro: o ovo ou a galinha (certamente o ovo, mesmo não sendo de galinha), a verdade tem que ser dita. O desprestígio de RH como uma área pouco proativa tem fundamento. Já presenciei, ainda nos meus tempos de *trainee* – quando tinha de ficar de prontidão para atender a qualquer necessidade dos presentes –, situações em que os assuntos de RH, quando tinham a oportunidade de ser incluídos na agenda de reuniões da diretoria, não estavam sintetizados e menos ainda vinculados às reais necessidades ou aos resultados esperados do negócio. Esse descompasso entre a importância do assunto e a maneira como devia ser tratado, tornava a apresentação fora do contexto da reunião e, portanto, inconsistente e desvinculada dos projetos e/ou dos objetivos das outras áreas clientes na busca dos resultados que o momento exigia.

Quem já viu este filme? - Conclusão

Estas histórias são bastante conhecidas por muitos profissionais da área de RH e também por profissionais de outras áreas que estão cientes da importância dos assuntos – muitas vezes propostos por eles mesmos, mas por serem os últimos e muitos dos participantes tendo outros compromissos ou com viagens marcadas, ficando o RH mais uma vez jogado de escanteio, como um departamento que, se tinha algo a dizer, era pouco – ou quase nada – importante.

Na verdade, parece haver uma tendência de os líderes considerarem que gestão de pessoas é coisa fácil e que demonstrar dificuldades nesse âmbito é sinal de fraqueza, acreditando que nos momentos de crise a melhor solução é a ultrapassada técnica da "tolerância zero", que significa "flexibilidade zero", *"feedback* zero" e "confiança zero", fomentando um ambiente de medo e desconfiança. Isso sim é um filme em preto e branco do ultrapassado ciclo burocrático, que persiste numa época onde se exigem filmes em cores, com efeitos especiais próprios do ciclo empreendedor, onde o clima de autogestão, colaboração e confiança deve prevalecer.

Todo bom resultado é produto de muita preparação. E fazer a lição de casa ajuda muito nesse sentido. É como nos ensinou o grande mestre José do Patrocínio. Quando perguntado sobre a origem dos seus excelentes discursos, dizia: "O segredo para uma boa apresentação é 1% de inspiração e 99% de transpiração". Portanto, o segredo é praticar, praticar e praticar.

Como participar em reuniões - Exercício 1

A seguir, fornecemos algumas dicas para participar em reuniões, que, embora possam parecer óbvias, é a atitude requerida dos profissionais da área, a partir da primeira década do século XXI:

Buscando a informação

- Conhecendo o negócio, os produtos e serviços da organização;
- Fazendo forte aliança com seus clientes internos;
- Participando proativamente em todas as reuniões departamentais;

- Derivando o plano de RH do plano de negócios das áreas;
- Utilizando-se de indicadores de resultado adicional aos de processo;
- Dominando os novos fatores de competitividade organizacional.

Utilizar os 5 POR QUÊs

Os 5 POR QUÊs auxiliarão na preparação, apresentação e debates em reuniões.

Essa técnica serve para detectar a principal causa de uma necessidade, assunto ou problema, onde perguntamos cinco vezes o motivo de sua ocorrência. No entanto, não é necessário que sejam feitas exatamente cinco perguntas, desde que se chegue ao real entendimento da necessidade ou assunto.

Quadro 10: Os 5 POR QUÊS - Exemplo

Problema: Alto turnover
1. POR QUE o turnover está tão alto? Porque o relatório de *turnover* indica que temos tido muitas renúncias e demissões.
2. POR QUE temos tido muitas renúncias e demissões? Não se sabe as causas das renúncias e das demissões.
3. POR QUE não se sabe as causas? Porque o relatório inclui somente o índice e não inclui as causas.
4. POR QUE o relatório não inclui as causas? Por falta de interesse em identificar a causa raiz do problema.
5. POR QUE não existe interesse em investigar e minimizar as causas? Porque nossas gerências não querem assumir a responsabilidade por atos de desrespeito às pessoas.
Então, qual é a ação a tomar?

Outros recursos essenciais para uma participação efetiva em reuniões

- Se todos estão falando de projetos, fale sobre projetos;
- Se todos estão falando de resultados, fale sobre resultados;
- Se todos estão planejando, vincule seu planejamento ao deles e nunca fuja do tema da reunião.

Não se deve apresentar em reuniões - Exercício 2

Deve ser evitado apresentar em reuniões de diretoria apenas indicadores de processo, tais como:

- Horas de treinamento;
- Novos benefícios;
- Número de colaboradores;
- Percentual de rotatividade;
- Número de acidentes;
- Índice da pesquisa de clima.

Deve ser apresentado em reuniões

Os indicadores de resultados são os mais apreciados e promovem maior credibilidade, por demonstrar a contribuição de RH na parceria com os projetos dos presentes:

- Indicadores de resultados na execução de projetos;
- Indicadores de redução de *turnover* em cargos-chave;
- Indicadores de redução de *gap* nas competências desses cargos;

- Indicadores de aumento de potenciais sucessores em cargos-chave;
- Indicadores de avanços em planos de ação da pesquisa de clima, dentre outros.

Se respeitarmos as regras do que se deve dizer ou não em reuniões do comitê executivo ou de diretoria, os temas virão a ser tratados como importantes e logo como imprescindíveis.

Resumo do Capítulo 5

APRESENTAÇÕES COM INDICADORES DE RESULTADOS

- Quando o andamento de todas as metas, em todas as áreas, é avaliado e discutido, a única área que tende a ficar fora da agenda é a de Recursos Humanos;
- O desempenho das iniciativas da área de RH é considerado irrelevante em reuniões de avaliação e discussão de metas de muitas organizações;
- Quando os assuntos de RH têm espaço em reuniões, muitas vezes eles não estão devidamente preparados nem sintetizados, causando má impressão aos diretivos;
- A participação, a presença constante e comprometida dos profissionais de RH em todos os eventos, reuniões e oportunidades de reunir-se são as melhores formas de atualização profissional.
- Os profissionais de RH devem demonstrar o andamento das principais iniciativas para contribuir com as demais áreas ou departamentos, utilizando-se de indicadores de resultados e não dos indicadores de processos.

Capítulo 6

SÓCIO ESTRATÉGICO DO NEGÓCIO

(Novo paradigma que agrega valor ao negócio e/ou atividade)

Capítulo 6

Este é um tema que veio para ficar, em razão, principalmente, das novas demandas que surgem a cada dia, determinadas pelas múltiplas e rápidas mudanças que vêm ocorrendo no mundo globalizado. Tema este cada vez mais presente em fóruns de debates sobre questões de recursos humanos em face da grande transformação e exigência do contexto mercadológico atual.

Segundo o diagnóstico da empresa Manpower Inc., 2011, "o mundo está vivenciando uma época de grande transformação, em que os modelos de negócios terão de ser redesenhados". E nesse contexto "o homem passa a ser o maior agente do crescimento econômico aliado ao talento e se torna da mesma forma um diferenciador competitivo". O fato é que já existe uma escassez de profissionais que tende a ser duradoura. Por essa razão, os organismos disputam talentos, o que irremediavelmente leva a uma gestão mais centrada no indivíduo.

As organizações e instituições competitivas que se destacam nesta e nas próximas décadas são aquelas que já despertaram para a necessária mudança de *mindset* a respeito do papel da área de RH e vêm mudando a sua maneira de pensar. Portanto, não perdem a oportunidade de colher os benefícios e reposicionar a área de Recursos Humanos como coparticipante das decisões de negócios e no mesmo patamar das demais áreas ou divisões da organização.

Embora um grande número de gestores, executivos e empresários continue a considerar a área mais como um centro de custos do que de lucratividade, felizmente a maioria deles, os mais visionários, já vem colhendo os frutos da utilização do segmento como um excelente recurso, fundamental na definição da estratégia da organização ou instituição de curto e longo prazo.

SÓCIO ESTRATÉGICO DO NEGÓCIO

Permanecem ainda dúvidas cruciais sobre o que se deve fazer para que a área de RH seja de fato estratégica e não somente um discurso ou uma teoria sem prática. Diante disso, busca-se saber quais mudanças deveriam ser operadas na área para que ela efetivamente venha a se tornar sócia estratégica do negócio. E as perguntas são sempre as mesmas:

1. O que significa RH estratégico?
2. Quais os passos para se tornar estratégico?
3. Quais os benefícios para os profissionais em atuar como *Business Partner*?

4. Quais as vantagens para as organizações em contar com RH estratégico?

O que se busca, mais especificamente, são respostas às perguntas que ainda não foram claramente respondidas. Perguntas as quais procurarei responder através de subsídios práticos. Mostrarei, por meio de exemplos reais, como fui galgando passo a passo os degraus para chegar a ser considerado um *Business Partner*, um sócio do negócio, conquistando espaço e confiança junto à cúpula das empresas.

Case 1: Baxter Travenol – Brasil
Aprendendo com os erros e acertos

Errar faz parte de quem está buscando alternativas para encontrar novas soluções. E arriscar é inerente a essa busca. Entretanto, uma maneira inteligente de encurtar caminhos e errar menos é utilizar práticas e experiências cujos resultados foram efetivamente comprovados.

Para exemplificar, remeto-me a experiências de meados da década de 1990, quando então eu trabalhava na empresa Baxter Travenol, do segmento médico-hospitalar. Recém promovido a gerente de RH, retornava de um curso para executivos em Ann Arbor, Michigan, nos Estados Unidos, cheio de ideias sobre planejamento estratégico.

Muitas dessas ideias eram bastante interessantes e eu as formatei e levei para apresentar em uma tradicional reunião de ciclo de final de ano da empresa, onde cada área apresentava o balanço dos resultados alcançados durante o ano que findava e propunha as principais iniciativas para o ano seguinte.

Durante minha apresentação para essa plateia, composta pelo presidente da empresa, por diretores, gerentes e supervisores distritais de vendas, ocorreu a primeira aprendizagem em relação ao significado de um RH estratégico. Lá estava eu então apresentando as melhores práticas de mercado, aprendidas na Universidade de Michigan, e discorrendo sobre cada uma delas e sobre sua relação com cada um dos subsistemas de RH: recrutamento e seleção, carreira e sucessão, treinamento e desenvolvimento, relações com colaboradores, cargos e salários, saúde e segurança, comunicação interna e assim por diante. O que eu apresentava era, sem sombra de dúvida, muito interessante. Tratava-se de *cases* com as melhores práticas aplicadas em empresas como GE, Motorola e AT&T nos Estados Unidos, transmitidos durante o curso.

    Nessa ocasião, a área de marketing estava representada por uma diretora norte-americana, cujo nome nunca me esquecerei: "Dona Diane". Até então, eu não tinha me dado conta do erro que cometia, quando ela me fez duas perguntas: "O que significa isso? O que você está apresentando?". E, na medida em que eu ia explicando a ela e aos demais presentes que se tratava das melhores práticas e iniciativas de mercado, referentes a uma área de RH ideal e atuante, e que, por isso, eu propunha que escolhêssemos algumas dessas práticas para ser implementadas durante o próximo ano, ela dizia: "No, no! Isso não. Não é isso que eu preciso".

    Bem, isso foi suficiente. Como se diz, para um bom entendedor meia palavra basta. Foi como se a minha cabeça tivesse feito "clic-clic" – "caído a ficha", como dizemos por aqui, em analogia à lentidão dos antigos telefones públicos para reconhecer as fichas e completar a ligação. Ou seja, percebi rapidamente o meu erro. Dona Diane me deu uma "luz" que ajudou a clarear minhas ideias. Sem dúvida, essa súbita constatação me deixou desconfortável, mas me conformei lembrando um velho ditado que diz: "Feliz é aquele que comete um erro por dia e aprende com ele, e infeliz quem comete o mesmo erro duas vezes". Bem, "a ficha que caiu" tinha me despertado para o fato de o RH ter de trabalhar para atender às necessidades concretas de todos os seus públicos internos, ou *stakeholders*, como são chamados, e não para pôr em prática modismos de mercado, que podem ser muito úteis para outras empresas.

Mensagem entendida e lição aprendida

Partimos para a ação. O primeiro passo foi entrar em contato com a casa matriz da Baxter Healthcare nos EUA, com o objetivo de saber se existia algum *guideline* ou guia que servisse de orientação para ajudar a levantar, junto aos meus clientes, suas necessidades, que seriam o subsídio para montar o plano de trabalho para o próximo ano.

A guia foi obtida. Consistia em apenas uma folha de papel sulfite. Lembrei-me do livro *Gerência de uma página*, de Riaz Khadem, que discorre sobre um simples formulário de uma única página, com quatro ou cinco linhas. Nele constam algumas perguntas que ajudam a obter dos diretivos as informações sobre os objetivos de negócios de suas respectivas áreas para o próximo ano e as implicações que essas informações têm sobre RH.

Com esse material em mãos, foi possível negociar, com o então presidente da Baxter local, duas estratégias indispensáveis para nos ajudar a conhecer o negócio da empresa:

1ª **estratégia:** a área de RH se reuniria com cada um dos diretivos com a finalidade de preencher esse formulário, cujos dados passariam a ser a matéria-prima para montar seu plano.

2ª estratégia: as reuniões mensais da diretoria (*staff meetings*) passariam a contar com a participação de RH, aumentando assim o entendimento do negócio e contribuindo para melhorar ainda mais o plano desse setor.

A partir dessas duas estratégias, recorremos ao seguinte processo para preenchimento do referido formulário de uma página só:

1. No cabeçalho fazia-se um sumário da missão definindo a razão de ser da área ou departamento;
2. Na coluna da esquerda anotavam-se quatro ou cinco objetivos e metas para o próximo ano;
3. Na coluna da direita anotavam-se quais estratégias e ações seriam requeridas da área de RH para ajudar a alcançar os objetivos e metas traçados.

Quadro 11: Formulário de uma única página

Sumário da missão		
1. ÁREA _____	2. DOTAÇÃO _____	3. PERÍODO _____
Objetivo Estratégico 1	Implicações de RH	Ações/Iniciativas de RH
Objetivo Estratégico 1	Implicações de RH	Ações/Iniciativas de RH
Objetivo Estratégico 1	Implicações de RH	Ações/Iniciativas de RH
...	...	...

A partir dessas informações, passamos a fazer o referido plano junto com a nossa equipe. Este, inicialmente, consistia em apenas uma lista de atividades prioritárias com os prazos para execução. Uma espécie de cronograma para aplicação das ações requisitadas por cada uma das áreas, nossos *stakeholders*. É certo que isso agradou muito o presidente da empresa e os demais diretivos, principalmente quando das minhas participações nas reuniões mensais, onde eu podia mostrar o andamento dessas ações previamente acordadas com eles.

A partir desse ponto, fizemos outras constatações muito importantes:

- Primeiramente, percebemos que já conseguíamos falar a linguagem do negócio, tornando-as próximas da linguagem dos diretivos;
- Em seguida, percebemos que eles passaram a prestar mais atenção em nossas apresentações nas reuniões;
- A partir de então, notamos que, com esse diálogo, eles acabavam passando informações adicionais, muito úteis para realizarmos um bom trabalho.

Pergunta 1: "O que significa RH estratégico?"

Possíveis respostas: Ainda que possam surgir muitas outras, partindo da análise de exemplos práticos mostrados por meio dos casos que indicam a forma como o setor de RH deve trabalhar em parceria com seus clientes, podemos dizer que significa:

- Trabalhar em cima das necessidades reais do cliente;
- Usar a criatividade para superar os desafios;

- Empenhar-se energicamente na busca de informação;
- Perseguir a aprendizagem contínua;
- Entregar um trabalho com nível de excelência e dentro do prazo.

Espaço reservado para que o leitor inclua o que para ele significa RH estratégico, com base em seus conhecimentos e/ou experiência profissional:
1._____,
2._____,
3._____,

Case 2: Lear Corporation, América do Sul

Já no início da década de 2000, eu ocupava o cargo de diretor de RH para a América do Sul na empresa Lear Corporation, do segmento automotivo.

Trazendo na minha bagagem toda a experiência da empresa anterior, iniciei este trabalho com grande segurança e entusiasmo, o que sem dúvida facilitou minha coparticipação na divisão da América do Sul para a implantação do planejamento estratégico denominado *JOE - Journey to the Operational Excellence*, "Jornada para a Excelência Operacional".

Essa ferramenta consistia inicialmente em uma forma de "Mapa Mental", onde facilmente se poderia visualizar num sumário a breve descrição dos principais objetivos estratégicos de todas as áreas.

Pude observar que três dos elementos-chave das etapas para a composição do plano estratégico estavam faltando: visão, missão e valores, sem os quais não seria possível promover as mudanças necessárias para facilitar a implantação do plano.

Figura 6: Elementos do plano estratégico

ELEMENTOS DO PLANO ESTRATÉGICO					
?	MISSÃO	VALORES	OBJETIVOS E METAS	ESTRATÉGIAS E AÇÕES	CONFLITO DE INTERESSES E DE DIREÇÃO
VISÃO	?	VALORES	OBJETIVOS E METAS	ESTRATÉGIAS E AÇÕES	PROBLEMAS EXISTENCIAIS
VISÃO	MISSÃO	?	OBJETIVOS E METAS	ESTRATÉGIAS E AÇÕES	OS FINS JUSTIFICAM
VISÃO	MISSÃO	VALORES	?	ESTRATÉGIAS E AÇÕES	IGNORA-SE A MANEIRA
VISÃO	MISSÃO	VALORES	OBJETIVOS E METAS	?	SEM CAPACIDADE OPERACIONAL
VISÃO	MISSÃO	VALORES	OBJETIVOS E METAS	ESTRATÉGIAS E AÇÕES	CRIAÇÃO ORGANIZACIONAL

Isso feito, demos sequência ao detalhamento de cada uma das iniciativas, também resumidas em uma só página, num único formulário, incluindo as ações, a meta e o prazo para execução. Além de incluir um gráfico de barras onde se podia acompanhar o desempenho periodicamente, por meio de iniciativas condizentes com as metas traçadas, e realizar o *feedback* e o controle. Isso facilitou a elaboração do Plano de RH. Todas as iniciativas e ações estavam definidas a partir da demanda advinda dos objetivos estratégicos de cada uma das áreas funcionais, ou seja, de cada um dos clientes.

Quadro 12: *PIM – Performance Indicator Management**

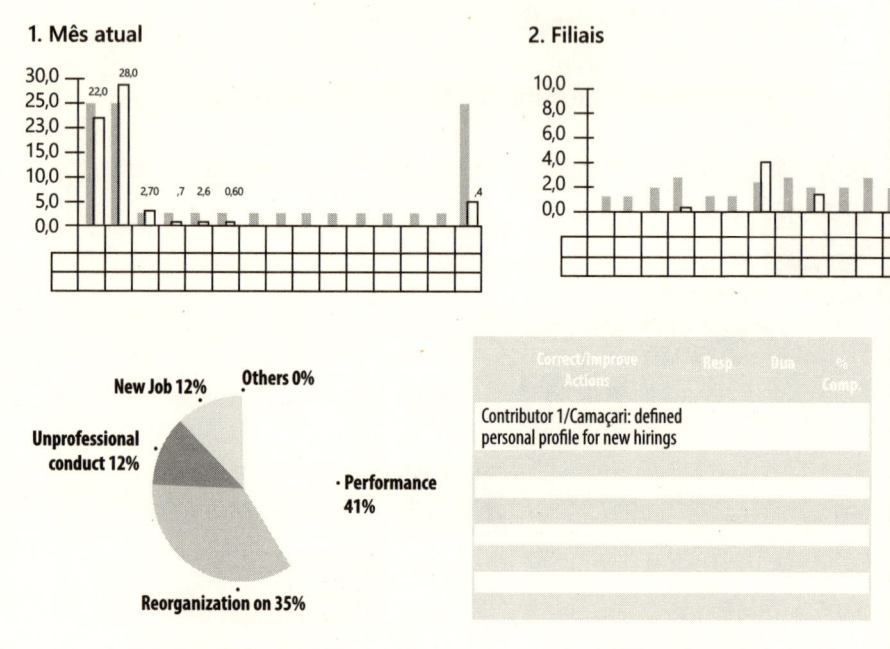

1. Mês atual

2. Filiais

3. Principais causas

- Performance 41%
- Reorganization on 35%
- New Job 12%
- Unprofessional conduct 12%
- Others 0%

Plano de ação

Correct/Improve Actions	Resp.	Dun.	% Comp.
Contributor 1/Camaçari: defined personal profile for new hirings			

*Performance Indicator Management = Gestão do Indicador de Desempenho.

Os indicadores de resultados eram uniformes para a área de RH dos países que compunham a região: Argentina, Brasil e Venezuela. Dessa forma, era possível fazer apresentações muito consistentes quanto ao andamento das atividades, ao mesmo tempo que essa uniformização de indicadores possibilitava não só avaliar o desempenho em relação à meta traçada, mas também comparar com o desempenho dos outros países.

Como evidenciado no *Case* 2 da Lear, posso dizer que a equipe deu alguns passos significativos em direção a um RH estratégico, e, comparativamente, em termos de aprendizagem, demos alguns passos adicionais em relação aos da empresa Baxter, quando comparamos o que aprendemos nas duas empresas.

Quadro 13: Os primeiros passos de RH estratégico

Aprendizagem/ Case 1 – Baxter Travenol	Aprendizagem adicional/ Case 2 – Lear Corporation
Parcerias com os clientes internos	Mapa mental com visão sistêmica
Conhecimento do negócio	Metas e prazos de execução
Plano de RH com base nos objetivos das áreas	Visão, missão e definição dos Valores da empresa
Priorização das demandas da área	Etapas do plano estratégico
Alocação de recursos para execução	PIM - Gráfico de resultados
Presença constante em reuniões	Troca de experiências entre países
Plano de RH apresentado em reuniões	Plano de RH - visitas de supervisão e apoio

Com um modelo de gestão representado pelo Plano de RH, foi possível dar a largada para tornar a área de RH mais próxima da estratégia das empresas e, consequentemente, melhorar o entendimento do negócio em si e fortalecer a linguagem de negócios quando da comunicação com os *stakeholders*.

Case 3 – Amanco Holding, América Latina

Em meados de 2003, a empresa transnacional Amanco Holding, do GrupoNueva, era líder em tubos, sistemas e conexões de PVC no continente latino-americano, com vendas anuais acima de US$ 600 milhões, e contava com mais de sete mil colaboradores diretos nas suas 21 plantas distribuídas em 13 países.

Essas plantas haviam sido adquiridas pelo Grupo Amanco num espaço de cinco anos aproximadamente, entre 1997 e 2002. E, portanto, era de se esperar ainda que não houvesse uniformidade na gestão de RH. Durante esse período, cada fábrica atuava como se fosse uma empresa independente, com políticas, práticas e características próprias de seu país. Bem, pouca coisa, até então, havia sido padronizada na região.

O primeiro e grande esforço de integração que encontrei em andamento quando me incorporei ao grupo foi o processo de implantação do modelo de gestão *Balanced Scorecard*, de Kaplan e Norton, o qual já seguia bem adiantado em toda a região. Como era de esperar, a minha primeira missão, sem dúvida, foi desenhar e implantar o primeiro Plano Estratégico de RH, segundo esse mesmo modelo de gestão e que fosse capaz de alinhar a estratégia de recursos humanos nos países sob minha responsabilidade.

Figura 7: Mapa estratégico de triplo resultado da Amanco

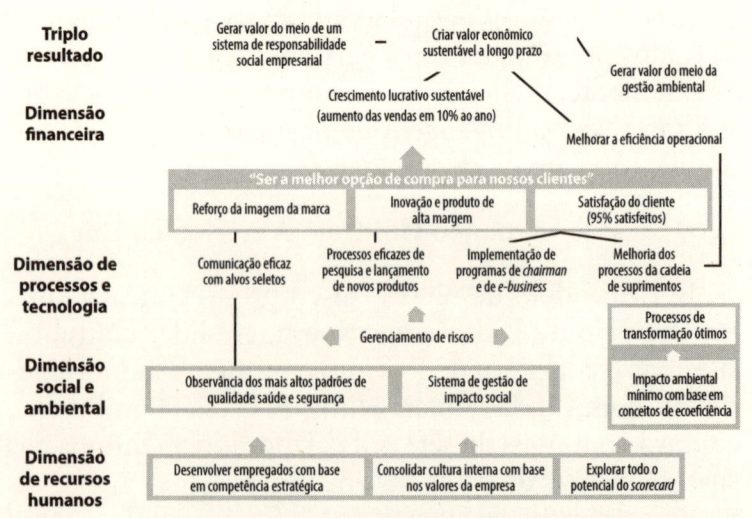

Triplo resultado	Gerar valor do meio de um sistema de responsabilidade social empresarial	—	Criar valor econômico sustentável a longo prazo		
					Gerar valor do meio da gestão ambiental
Dimensão financeira		Crescimento lucrativo sustentável (aumento das vendas em 10% ao ano)			
					Melhorar a eficiência operacional
	"Ser a melhor opção de compra para nossos clientes"				
	Reforço da imagem da marca	Inovação e produto de alta margem		Satisfação do cliente (95% satisfeitos)	
Dimensão de processos e tecnologia	Comunicação eficaz com alvos seletos	Processos eficazes de pesquisa e lançamento de novos produtos	Implementação de programas de *chairman* e de *e-business*	Melhoria dos processos da cadeia de suprimentos	
				Processos de transformação ótimos	
		Gerenciamento de riscos			
Dimensão social e ambiental	Observância dos mais altos padrões de qualidade saúde e segurança		Sistema de gestão de impacto social	Impacto ambiental mínimo com base em conceitos de ecoeficiência	
Dimensão de recursos humanos	Desenvolver empregados com base em competência estratégica		Consolidar cultura interna com base nos valores da empresa	Explorar todo o potencial do *scorecard*	

Kaplan, R; Norton, D. *Mapas Estratégicos*. Campus, 2004, p. 199.
Amanco Holding - Implantação do Balanced Scorecard

Capítulo 6 • Sócio Estratégico do Negócio

O processo inicial de definição das iniciativas que compunham as seis dimensões do mapa estratégico já estava bastante adiantado, uma vez que vinha sendo construído ao longo do ano 2003 por meio de reuniões de levantamento de ideias nesses países e, posteriormente, com a consolidação da informação na casa matriz do grupo, na Costa Rica.

Mesmo assim, por razões óbvias, é claro, eu me encantei de imediato com a clareza da estratégia transmitida pelo mapa estratégico do grupo e principalmente pelas iniciativas estratégicas da dimensão de recursos humanos e da dimensão social e ambiental.

Ainda assim, para elaborar o primeiro plano estratégico de RH para as regiões abrangidas, utilizando os conceitos do *balanced scorecard* e partindo das iniciativas que haviam sido incluídas no mapa indicado, era preciso, em primeiro lugar, conhecer o pano de fundo, entender os porquês e um pouco da visão que havia levado os gestores a decidirem por essas iniciativas. Em outras palavras, era necessário conhecer alguns dos principais desafios apresentados pela realidade desses países e perceber como enfrentá-los por meio de diretrizes claras e coerentes, e incluí-las na dimensão de recursos humanos, de acordo com o mapa proposto.

Isso feito e após visitar alguns países e me reunir com o gerente-geral juntamente com o gerente de RH local, pude entender melhor as origens das iniciativas incluídas na dimensão de recursos humanos e na dimensão social e ambiental, que eram as que mais nos diziam respeito em ordem de prioridade, já que as demais em alguma medida requereriam o envolvimento do setor de RH.

As iniciativas estratégicas de RH

Dimensão social e ambiental
1. Sistema de gestão de impactos sociais
Dimensão de Recursos Humanos
2. Desenvolver empregados com base em competências estratégicas
3. Consolidar cultura interna com base nos valores da empresa
4. Explorar todo o potencial do *scorecard*

Alinhar pelos ícones

Uma vez estando claro o ponto de partida para a elaboração do plano de RH, não obstante este derivar do mapa estratégico do Grupo Amanco, nós não poderíamos correr o risco de definir os objetivos e metas para cada uma dessas iniciativas de recursos humanos sem contar com a participação de uma equipe multifuncional. Insisto sempre neste ponto: no processo de planejamento e definição de qualquer atividade para gestão de pessoas, o envolvimento e a participação de um grupo definido são tão importantes quanto o próprio resultado obtido com a execução da atividade em si.

Para o sucesso de execução do Plano de RH, o *buy in** deveria ser obtido dos gerentes- gerais e gerentes de RH dos países em questão. Sem essa "compra" por parte deles, sem que estivessem de acordo com o fato de ser aquele o plano que iria agregar valor ao seu negócio, não poderíamos e não deveríamos pensar em elaborar o plano, sob o risco de ele fracassar e ir parar no fundo da gaveta.

No intuito de minimizar os riscos de aceitação, e considerando a envergadura do plano e seu impacto nos

---

* *Buy in* = A aceitação ou a "compra" de uma proposta.

negócios do Grupo Amanco na região, achei melhor acatar a opinião do *CEO*** e optar pela formação de um conselho consultivo de RH, que participaria na elaboração e aprovação final do plano e contribuiria para a divulgação deste nas 13 filiais.

Composição do CCRH - Conselho Consultivo de RH

- VP de Recursos Humanos;
- Gerentes de RH regionais – Brasil, México e América Central;
- Gerentes-Gerais – México e América Central;
- Diretor de Novos Negócios do grupo – com a função de conselheiro.

O plano estratégico de RH

Num trabalho em equipe, o conselho consultivo dedicou-se a montar tal plano, desmembrando-o a partir das iniciativas estratégicas indicadas no *balanced scorecard*:

Dimensão social e ambiental

1. Sistema de gestão de impactos sociais	
Objetivos	Metas
Realização de *workshops* de gestão social / países priorizados	80%–2003
Consulta aos *stakeholders* priorizados (colaboradores/clientes/ fornecedores/comunidade)	50%–2004
Programação de voluntariado com base em consultas	50%–2005
Cumprimento de compromissos do Relatório de Sustentabilidade	90%–2006

** *Chief Executive Officer.*

Dimensão de Recursos Humanos

2. Desenvolver colaboradores com base em competências estratégicas	
Objetivos	**Metas**
Identificação de competências — cargos principais	100%–2003
Gap Assessment para ocupantes — cargos principais	100%–2003
Elaboração de Plano de Desenvolvimento — cargos principais	100%–2004
Identificação de talentos com base nos critérios preestabelecidos	100%–2003
Elaboração de plano de sucessores para os talentos	100%–2004
Elaboração de *PDI* para os sucessores	100%–2005

3. Consolidar cultura interna com base nos valores da empresa	
Objetivos	**Metas**
Realização de *workshops*: Viver a marca/ 13 países — 2003–2004	100%–2004
Implantação de princípios empresariais em *workshops*/ países	100%–2004
Manutenção da pesquisa de satisfação interna e plano de melhorias	90%–2004
4. Explorar todo o potencial do *Scorecard*	
Objetivos	**Metas**
Alinhamento da comunicação da estratégia do *BSC* internamente	Constante
Padronização de apresentações tendo o *BSC* como modelo de gestão	Constante

Plano operacional de RH

Com o plano estratégico de RH pronto e derivado do *balanced scorecard* do grupo, juntamente com os *inputs* obtidos dos principais países, pelo menos daqueles mais significativos em termos de potencial de rentabilidade e com a participação do conselho consultivo de RH, estávamos aptos a elaborar o plano operacional.

O plano operacional, muitas vezes negligenciado, é o que vai garantir que os objetivos sejam executados e que as metas estabelecidas sejam cumpridas. Portanto, é esse plano que vai transformar em ação os objetivos do plano estratégico e, portanto, servir de guia para a execução deste, de maneira transparente e ordenada.

É principalmente nessa etapa do plano que a área de RH fortalece a sua relação com seus clientes como um *business partner*, já que é indispensável que atue fortemente junto aos seus clientes como um verdadeiro sócio do negócio, para facilitar a realização de seus objetivos, cumprir o prometido dentro do prazo combinado e com a qualidade necessária para ganhar o respeito e a confiança dos clientes.

Sem a definição de ações do Plano Operacional por meio de um profundo diálogo com os *stakeholders* e decididas por consenso, não é possível existir clareza, consistência e tampouco capacidade operacional para se executar o que se espera.

Com a participação do CCRH, foi possível montar o nosso plano de ação com mais solidez, na forma do 5W2H exemplificado a seguir:

Figura 8: Plano de ação na formato 5W2H

Plano de ação na formato 5W2H — OBJETIVO PRINCIPAL (1. *What* (o que será feito); 2. *Who* (quem fará); 3. *When* (quando será feito); 4. *Where* (onde será feito))	O QUÊ	Descreve todas as ações para alcançar o objetivo principal					
	QUEM	Define um responsável (você mesmo ou outra pessoa que possa ajudá-lo)					
	QUANDO	Estabelece uma data limite para cada ação estabelecida					
	ONDE	Define onde as ações serão/deverão ser realizadas					
	POR QUE	Descreve quais os benefícios que cada ação lhe trará					
	COMO	Detalha a maneira como cada ação deve ser executada					
	QUANTO CUSTARÁ	Define o custo de cada ação para verificar sua viabilidade					
	ELEMENTOS LIMITANTES	Descreve tudo que pode limitar o cumprimento da tarefa					
	RECURSOS NECESSÁRIOS	Descreve quais recursos (materiais e humanos) necessários para cada ação.					

Dessa forma, quando dissemos que o *case* 3 do grupo Amanco pode ser considerado um caso das melhores práticas, sem exagero algum quisemos dizer que nós, profissionais de RH, integrantes do CCRH, estávamos o tempo todo olhando estrategicamente para nossos clientes, ou seja, entendendo seus objetivos de negócios e formando uma forte parceria para facilitar a elaboração dos planos estratégico e operacional, capazes de efetivamente contribuir para a obtenção dos resultados.

Para complementar os objetivos e metas indicados no plano elaborado pelo CCRH, foi adicionado a este alguns elementos importantes:

Capítulo 6 • Sócio Estratégico do Negócio

- Mapa estratégico do BCS da Amanco
- Missão da área de RH do grupo
- Atribuições do conselho consultivo
- Mensagem de estímulo aos profissionais da área

Pergunta 2: "Quais os passos para se tornar estratégico?"

Case 3 – Amanco Holding
Formamos parcerias com nossos clientes internos;
Entendemos melhor o negócio e as necessidades deles;
Montamos o plano de RH com base nos objetivos de cada uma das áreas;
Priorizamos as ações demandadas do setor e reunimos recursos para executá-las;
Participamos de todas as reuniões departamentais e de diretoria;
Apresentamos os resultados dessas ações em reuniões.

Possíveis respostas: nesta etapa, pudemos perceber que demos alguns passos adicionais aos *case* 1 – Baxter Travenol – e do *case* 2 – Lear Corporation, os quais consistiam em:

Case 4 – GlaxoSmithKline, CariCam-Andina
(As melhores práticas de gestão estratégica da área)
As melhores práticas – Caribe, América Central e países Andinos

A próxima escala do meu trabalho, na América Central, foi com a GSK – GlaxoSmithKline, como o principal executivo de Recursos Humanos na Costa Rica, responsável pela estratégia do Shared Services Center – Centro de serviços compartilhados, que tinha como responsabilidades: requerimentos de capital humano; gestão de talentos; administração salarial; desenvolvimento organizacional; e políticas e programas de pessoal, em atendimento aos 13 países que compunham essa região.

Alguns exercícios que passaremos a relatar poderiam ser considerados como melhores práticas" na área de RH, por sua eficácia e por estarem relacionados ao Planejamento Estratégico da GSK para a região e ao mesmo tempo por serem inovadores e válidos tanto para a época como para os dias de hoje.

Todo exercício relacionado à estratégia organizacional já é, por si só, de grande relevância. Agora imaginem encontrar uma forma inovadora de simplificação do modelo de gestão do *balanced scorecard* (*BSC*) que consistiu nos seguintes passos:

- Mapa estratégico - mapa mental (substitui e simplifica o *BSC*);
- Decisões centralizadas - *brainstorming* e *inputs* de países;
- Objetivos e indicadores macro - Desmembramento das iniciativas, indicadores e *targets* para cada país/departamento;
- Execução informal - Objetivos cascateados aos planos de trabalhos e projetos (alinhamento interno formal).

Quadro 14: GSK – Planejamento estratégico - Visão sistêmica

Etapas do processo 1. *SWOT*	2. Fator impulsor	3. Mapa mental	4. Competências
5. Objetivos estratégicos	6. Iniciativas	7. Metas	8. Plano de ação

ETAPA 1: *SWOT*

A primeira etapa deste processo consiste em formar um grupo multidisciplinar com os responsáveis de cada um dos departamentos (finanças, produção, qualidade, comercial, logística, recursos humanos, compras, tecnologia da informação, etc.), o qual realizará o exercício do *SWOT* ou FOFA, fazendo um diagnóstico interno e externo (fortaleza, oportunidades, fraquezas e ameaças) da unidade da empresa em cada local.

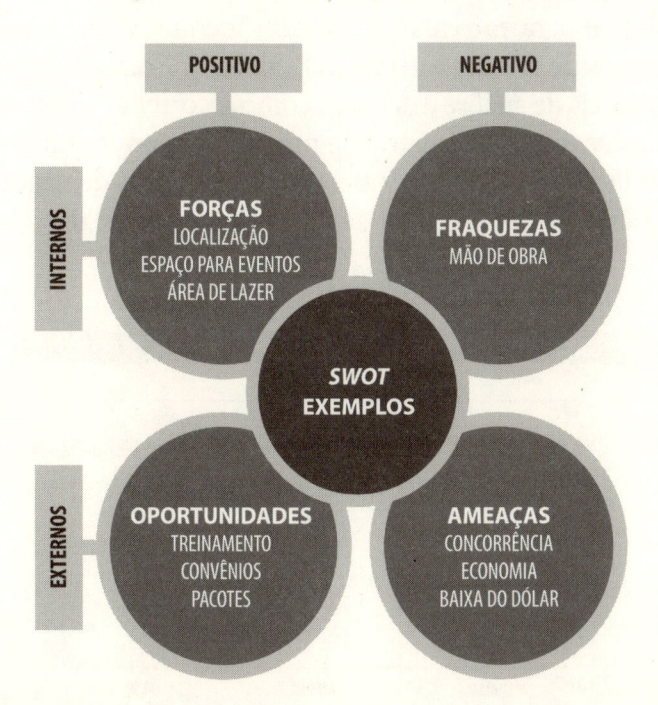

Figura 9: Matriz FOFA ou *SWOT*

POSITIVO | NEGATIVO

INTERNOS
- **FORÇAS**
  LOCALIZAÇÃO
  ESPAÇO PARA EVENTOS
  ÁREA DE LAZER
- **FRAQUEZAS**
  MÃO DE OBRA

EXTERNOS
- **OPORTUNIDADES**
  TREINAMENTO
  CONVÊNIOS
  PACOTES
- **AMEAÇAS**
  CONCORRÊNCIA
  ECONOMIA
  BAIXA DO DÓLAR

SWOT EXEMPLOS

Esse time da unidade local deve preparar o *SWOT* para elaborar um diagnóstico interno e externo da organização:

Diagnóstico externo - Consiste em analisar informações de mercado, clientes e canais, fornecedores, distribuidores, *stakeholders**, situação econômica, novas leis e normas, tendências, entre outras informações importantes.

Diagnóstico interno - Objetiva analisar informações de capacidades internas, processos, sistemas, estrutura e infraestrutura, dotação de pessoal, comportamento, a cultura, entre outros recursos.

As informações deste diagnóstico são agrupadas por assunto e servem para abrir o debate sobre quais fatores impulsores seriam estratégicos para aproveitar as oportunidades ou para enfrentar as ameaças identificadas. Para este processo de criação e geração de ideias utilizam-se diferentes formas de análise e debates, como recorrer às técnicas de *brainstorming*** e à matriz de priorização com o intuito de identificação de fatores críticos, oportunidades de negócios e ações inovadoras e priorizá-las de forma estratégica.

Figura 10: Matriz de priorização

		BAIXO	MÉDIO	ALTO
IMPACTO/BENEFÍCIO	**ALTO**	1. XXX **1**	1. XXX **2**	1. XXX 2. XXXX
	MÉDIO	1. XXX **3**	1. XXX	1. XXX
	BAIXO	1. XXX 2. XXXX	1. XXX 2. XXXX	1. XXX 2. XXXX
		BAIXO	**MÉDIO**	**ALTO**
		INVESTIMENTO/COMPLEXIDADE		

---

* *Stakeholders* = públicos interessados.
** *Brainstorming* = chuva de ideias.

Com vistas a encontrar os fatores impulsores e os objetivos estratégicos mais indicados para a elaboração do plano estratégico, utiliza-se a matriz de priorização.

No eixo vertical, cada uma das propostas é avaliada quanto à sua capacidade de gerar impacto ou benefício para o negócio em si. No eixo horizontal, estas mesmas propostas são avaliadas quanto ao investimento ou à complexidade para sua implantação. Quanto mais alta for a possibilidade de gerar impacto ou benefícios para a empresa e menor o investimento ou a complexidade para a execução, o objetivo proposto é classificado no primeiro quadrante, o de número 1, de maior importância. E assim sucessivamente para o segundo e o terceiro quadrantes, os quais indicam a ordem de prioridade para as propostas apresentadas.

ETAPA 2: FATOR IMPULSOR

Após concluído o exercício do *SWOT* das unidades/departamentos, normalmente o vice-presidente e o gerente-geral da empresa convocam um *off site**, onde, junto com os diretores, consolidam todas as análises recebidas e definem os fatores impulsores, como ilustrado a seguir:

Figura 11: Fatores impulsores

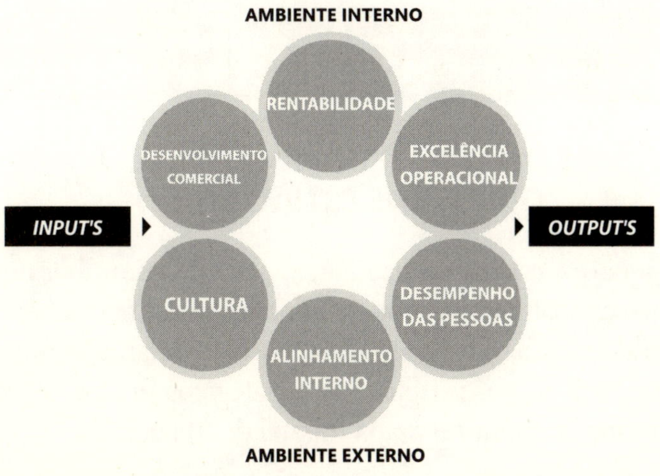

ETAPA 3: MAPA MENTAL

Esta mesma equipe de diretivos, nessa reunião fora da empresa, elabora um mapa mental para cada uma das áreas funcionais da empresa, onde se incluem as Competências e os objetivos estratégicos, a partir do fator impulsor de cada uma delas. No exemplo a seguir, podemos notar que ficou definido como fator impulsor para a área de recursos humanos o desempenho das pessoas.

Para o fator desempenho das pessoas, foram definidas as competências e os objetivos estratégicos para garantir a sua realização, como pode ser observado no mapa mental da área de RH a seguir:

Figura 12: Mapa Mental da área de RH

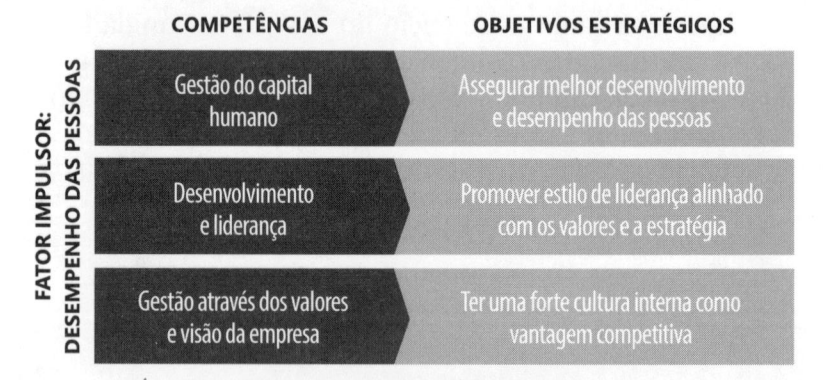

	COMPETÊNCIAS	OBJETIVOS ESTRATÉGICOS
FATOR IMPULSOR: DESEMPENHO DAS PESSOAS	Gestão do capital humano	Assegurar melhor desenvolvimento e desempenho das pessoas
	Desenvolvimento e liderança	Promover estilo de liderança alinhado com os valores e a estratégia
	Gestão através dos valores e visão da empresa	Ter uma forte cultura interna como vantagem competitiva

ETAPAS 4 e 5: COMPETÊNCIAS E OBJETIVOS ESTRATÉGICOS

Igual exercício é realizado nessa reunião de *off site* onde, com a contribuição de todos, também se definem as etapas 4 e 5 do processo de planejamento, cujo detalhamento das competências e dos objetivos estratégicos podem ser observados também no mapa mental de RH acima.

Capítulo 6 • Sócio Estratégico do Negócio

ETAPAS 6 e 7: INICIATIVAS E METAS

Com base no mapa mental, a área de Recursos Humanos é solicitada a reunir-se com seu grupo fora dessa reunião de diretoria, com o intuito de definir e propor posteriormente, aos diretivos, quais serão as Iniciativas e Metas que irão assegurar a realização dos objetivos estratégicos previamente definidos.

Este exercício feito, neste caso, pelos profissionais da área de Recursos Humanos é altamente enriquecedor, proporcionando a estes o envolvimento com a estratégia da empresa, levando-os a pensar e atuar com uma perspectiva de futuro, propondo ideias e chegando a conclusões que, inclusive, superarão as definidas apenas pelos diretivos das organizações, como acontece em muitas empresas.

Figura 13: Iniciativas e indicadores de resultados (metas) de RH

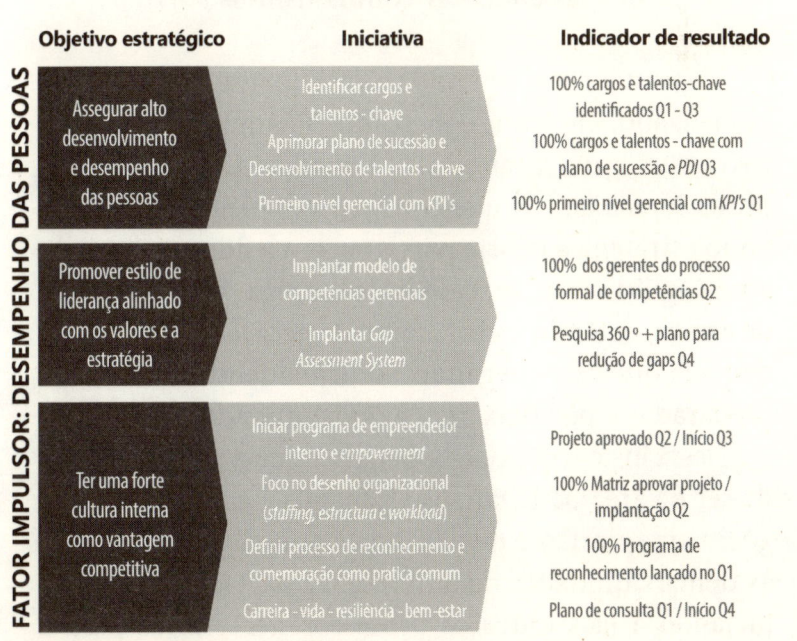

Objetivo estratégico	Iniciativa	Indicador de resultado
FATOR IMPULSOR: DESEMPENHO DAS PESSOAS		
Assegurar alto desenvolvimento e desempenho das pessoas	Identificar cargos e talentos - chave	100% cargos e talentos-chave identificados Q1 - Q3
	Aprimorar plano de sucessão e Desenvolvimento de talentos - chave	100% cargos e talentos - chave com plano de sucessão e *PDI* Q3
	Primeiro nível gerencial com KPI's	100% primeiro nível gerencial com *KPI's* Q1
Promover estilo de liderança alinhado com os valores e a estratégia	Implantar modelo de competências gerenciais	100% dos gerentes do processo formal de competências Q2
	Implantar *Gap Assessment System*	Pesquisa 360º + plano para redução de gaps Q4
Ter uma forte cultura interna como vantagem competitiva	Iniciar programa de empreendedor interno e *empowerment*	Projeto aprovado Q2 / Início Q3
	Foco no desenho organizacional (*staffing, estrutura e workload*)	100% Matriz aprovar projeto / implantação Q2
	Definir processo de reconhecimento e comemoração como prática comum	100% Programa de reconhecimento lançado no Q1
	Carreira - vida - resiliência - bem-estar	Plano de consulta Q1 / Início Q4

Tendo sido as iniciativas e as metas (ou indicadores de resultados), como aparecem na Figura 13 anterior, aprovadas pela direção da empresa, chega-se a uma etapa crucial do processo, que consiste em montar o plano de ação das áreas ou departamentos – passo indispensável, já que garantirá a execução do plano estratégico do respectivo setor.

O plano de ação, também conhecido como plano operacional, pode ser elaborado a partir do modelo indicado na Figura 8: plano de ação no formato 5W2H, indicado na pág. 94. É óbvio que, sem plano de ação, o planejamento corre o risco de não passar de mera carta de boas intenções impossíveis de ser executadas.

Pergunta 3: "Quais os benefícios para os profissionais em atuar como *business partner*?"

Resposta: considerando a nova dinâmica do mundo globalizado, é fato que o mercado está muito mais receptivo e vem apresentando alta demanda por executivos e profissionais de RH que entendam do negócio, tenham visão estratégica e forte parceria com a liderança, tendo ainda agilidade e capacidade de entrega. A oportunidade está aí, batendo à porta tanto da geração atual quanto daquela que está chegando, só dependendo de estarem preparadas e não deixarem a oportunidade escapar.

Nessa instância, pode-se perceber que a principal razão de ser da área de Recursos Humanos é entender do negócio em questão e de dar toda a contribuição possível às demais unidades da empresa, capacitando-as e propiciando a elas todos os processos necessários para a obtenção de resultados por meio da melhor gestão de pessoas possível. Em linha com esse conceito, os novos elementos que constituem a base de poder da área de RH e fornecem ações necessárias para elevar a área ao padrão de *business partner* ou sócio estratégico do negócio, podemos resumir da seguinte forma:

Quadro 15: Ações exigidas para obter o *status* de *Business Partner* DESAFIO – Exercício

Foco/ prioridades	Ações / estratégias
Clientes	Estabelecimento de relação de confiança e parceria
Metas	Entendimento do negócio. Orientação ao resultado. Impacto nos negócios
Processos	Plano de RH. Priorização e *follow up*. Alocação de Recursos. Execução, medição e ajustes

ELABORAÇÃO DE UM PLANO ESTRATÉGICO

Elabore um plano estratégico simplificado de seu departamento, como forma de praticar os conceitos mencionados. Deve-se escolher um entre os três modelos fornecidos a seguir (Formulário de uma única página, mapa mental/fator impulsor ou *balanced scorecard*). Recomenda-se o que lhe resulte mais simples ou mais indicado para o tipo de negócio ou atividade que desenvolve, podendo tomar como exemplo os do *Case*1 da Baxter Travenol, *Case*2 da Lear Corporation, *Case*3 da Amanco Holding ou *Case*4 da GlaxoSmithKline.

Figura 14: Plano - Formulário de uma única página

Sumário da missão		
1. ÁREA _____	2. DOTAÇÃO _____	3. PERÍODO _____
Objetivo estratégico 1	Implicações de RH	Ações/iniciativas de RH
Objetivo estratégico 1	Implicações de RH	Ações/iniciativas de RH
Objetivo estratégico 1	Implicações de RH	Ações/iniciativas de RH
...	...	...

Figura 15: Plano - Fator impulsor/mapa mental

MAPA MENTAL: FATOR IMPULSOR ESPECIFICAR...

COMPETÊNCIAS — OBJETIVOS ESTRATÉGICOS

- XXXXXXXXXX → AAAAAAAAAA
- YYYYYYYYYY → BBBBBBBBBB
- ZZZZZZZZZZ → CCCCCCCCCC

Figura 16: Plano – *Balanced Scorecard*

PERSPECTIVA FINANCEIRA	OBJETIVOS ESTRATÉGICOS	METAS
PERSPECTIVA CLIENTES	OBJETIVOS ESTRATÉGICOS	METAS
PERSPECTIVA PROCESSOS INTERNOS	OBJETIVOS ESTRATÉGICOS	METAS
PERSPECTIVA APRENDIZAGEM CRESCIMENTO	OBJETIVOS ESTRATÉGICOS	METAS

Pergunta 4: "Quais as vantagens para as organizações em contar com o RH estratégico?"

Resposta: são evidentes as tendências de intensificação da disputa por profissionais em diversas áreas, especialmente nos países emergentes, acrescidas da possibilidade de recuperação dos Estados Unidos e de países da Europa. A escassez da força de trabalho qualificada e o aumento do uso da tecnologia necessariamente levarão as empresas a voltar a investir fortemente em treinamento e desenvolvimento.

A disputa por talentos faz com que os trabalhadores escolham onde querem trabalhar. E a consequente falta de engajamento e de planos de retenção fatalmente terão reflexo na lucratividade, exigindo das organizações e instituições uma gestão centrada no capital humano, com uma eficiente área de RH com visão estratégica que atuará como coparticipante, colaborando ativamente para o sucesso dos gestores e consequentemente da empresa.

O grande benefício para as organizações e gestores em geral é poderem contar com o apoio de profissionais de RH qualificados para abarcarem as oportunidades apresentadas pelos novos desafios de um mercado muito mais exigente.

Resumo do Capítulo 6

SÓCIO ESTRATÉGICO DO NEGÓCIO

- Com a nova dinâmica do mercado, este, sem sombra de dúvida, está muito mais receptivo e vem apresentando uma alta demanda por executivos e profissionais de RH que tenham boa formação, conhecimento do negócio, visão estratégica e capacidade de entrega rápida.
- As perguntas-chave são sempre as mesmas: O que significa RH estratégico? O que a área tem de fazer para ser considerada estratégica? Quais os benefícios para os profissionais em atuar como *business partner*? Quais as vantagens para a organização em contar com RH estratégico?
- As organizações e instituições visionárias, sem dúvida, ganham com os benefícios advindos da gestão estratégica do potencial humano, na medida em que despertam para a necessária mudança de *mindset* a respeito do papel do RH.
- Quando se muda a maneira de pensar e se passa a enxergar as vantagens em reposicionar a área de Recursos Humanos, de modo a torná-la mais próxima das decisões de negócios e nivelando-a com as demais áreas ou divisões, tudo se torna mais dinâmico.
- O arcabouço para um RH mais estratégico é entender, envolver-se, comprometer-se, participar e, ao mesmo tempo, aprender com seus *stakeholders*, seus diversos públicos, áreas ou divisões da unidade.

Capítulo 7

TENDÊNCIAS DO FUTURO DA PROFISSÃO

(Ocorrendo na segunda década do terceiro milênio, no contexto da recuperação pós-crise econômica)

Capítulo 7

Podemos dizer que o futuro já chegou na área de Recursos Humanos, o que significa ter consciência de que a regra quanto às práticas de gestão de pessoas, agora mais do que nunca, é "fazer diferente e melhor do que sempre se fez, o que se traduz em inovar constantemente".

Fato indiscutível é que, produto de maior especialização e exigência de todo e qualquer cliente, a partir desta década, todas as atividades depararam-se com a necessidade de mais talentos em todos os processos de produção material e humana. No Brasil, os discursos de especialistas em congressos, seminários e em artigos na Internet falam sobre o "apagão de talentos", como se, de uma hora para outra, houvesse ocorrido um blecaute e as organizações e instituições estivessem ficando sem energia para gerir seus negócios ou atividades.

Na realidade, o que está havendo é uma forte demanda e acirrada disputa por técnicos e profissionais qualificados. As universidades, faculdades e escolas técnicas, públicas ou privadas – sem entrarmos na questão do nível do ensino –, continuam formando, como nunca, um exército de profissionais a cada ano. No entanto, o que se verifica é que o mercado em geral, principalmente o brasileiro, está cada vez mais carente de profissionais bem preparados. O que existe, então, não é um "apagão" ou "falta de oferta", mas, sim, uma "escassez" derivada do aumento da demanda por "talentos", o que sem dúvida abre uma perspectiva promissora para o profissional de RH.

Este fenômeno é muito interessante, porque, se, de um lado, os efeitos da crise econômica mundial ainda persistem em muitos países, principalmente nas nações europeias e nos Estados Unidos, de outro lado, felizmente, tanto no Brasil quanto em vários países da América Latina, o mercado está crescendo impulsionado pelo momento favorável de desenvolvimento socioeconômico e pelo enorme potencial dos recursos naturais, o que se traduz numa demanda como nunca se viu antes.

Existem, no mercado, "compradores" interessados na mão de obra qualificada e, por esse motivo, quando dizemos que o futuro já chegou para os profissionais de RH é porque se lhes está apresentando uma oportunidade única de mostrar a sua vocação e competência para potencializar tanto o aporte de suas atividades quanto o valor atribuído aos seus cargos. Mas isso requer que os profissionais de RH – não só os atuais, mas também aqueles que estão chegando ao mercado de trabalho – estejam atentos e encarem esse desafio como oportunidade e lutem para pôr em prática muitas das estratégias até pouco tempo atrás reconhecidas apenas como teorias. Se isso ocorrer, sem dúvida eles perceberão a reação positiva do mercado, passando a regular o "valor" dos cargos proporcionalmente à contribuição prestada ao negócio ou atividade.

Levando em consideração este cenário, deveremos antecipar alguns procedimentos gerais para se alcançar o sucesso nesta atividade, dentre os quais destacamos:

1. Conhecer o mercado para que seja ele e não a empresa ou instituição que defina o quanto vale seu cargo;
2. Tornar-se um dos profissionais disputados por suas competências;
3. Dar exemplo de priorização e de trabalho com equilíbrio;
4. Desenvolver *side jobs*, atividades paralelas, diversificar e administrar a carreira;
5. Manter-se sempre bem informado e atualizado sobre os negócios;
6. Perseverar, inovar e reinventar-se constantemente;
7. Manter boa rede de *networking* e saber "negociar" sua experiência, competências e relacionamentos no mercado de trabalho.

Estes são os pontos principais para que o profissional de RH esteja preparado para tirar proveito desta tendência que caracteriza um momento histórico irreversível na administração de pessoas, que exige das organizações o domínio de uma gama de novas competências, detalhadas no Capítulo 3, que destacam o papel de sócio estratégico do negócio. Adicionalmente, é indispensável considerar alguns elementos-chave que constituem um ponto de partida para sustentar o futuro dessa profissão.

Em primeiro lugar, é indispensável entender o contexto das empresas nacionais, multinacionais e transnacionais instaladas no Brasil e na América Latina, independentemente do seu porte ou segmento.

As pequenas e médias empresas, para comprar, importar, produzir, comercializar e exportar seus produtos ou serviços – e assim competir e sobreviver no mercado globalizado –, são obrigadas a atender aos mesmos requisitos de qualidade, regulamentação, impostos e gestão de pessoas impostas às empresas de grande porte.

Por esse motivo, mesmo em escala diferenciada, as exigências e dificuldades encontradas pelas pequenas e médias empresas para sobreviverem neste mercado são as mesmas enfrentadas pelas grandes organizações. Razão pela qual se pode dizer que todas elas terão, obrigatoriamente, de estar preparadas para responder às necessidades e tendências mundiais de um mundo globalizado, com clientes cada vez mais exigentes e que apresentam novas premências a cada dia.

Fatos marcantes ocorridos no passado recente nos ajudam a agir mais acertadamente no presente e a nos preparar para o futuro. Pudemos observar, nas últimas décadas, alguns comportamentos bastante significativos nas organizações, como, por exemplo, a terceirização nos anos 1990, em que as atividades e os serviços não eram considerados parte integrante do *core business* das empresas e passaram a ser realizados por terceiros. Em acréscimo a isso, surgiram os famosos *downsizings*,

Capítulo 7 • Tendências do Futuro da Profissão

com a simplificação das estruturas na busca por reduzir custos, além da corrida para aumentar a rentabilidade pelas certificações ISO e projeção de uma imagem ou marca confiável como garantia da boa qualidade de seus produtos e serviços.

Já nos anos 2000, a tendência era outra: tudo se centrava nas práticas para aumentar a eficiência interna, por meio de programas como Six Sigma, Lean Manufacturing, GMP, Kanban, Kaizen, 5S, PDCA e A3, entre tantos outros. Ao mesmo tempo, essas tentativas de pôr em prática ações para originar a esperada eficiência mostraram enormes dificuldades de implantação devido ao grande número de mudanças provocadas pelas aquisições, incorporações, fusões e *joint ventures*, sem dar a devida importância à necessidade de unificar as práticas, políticas e culturas das empresas, o que complicou a obtenção dos resultados esperados.

Essa transformação acentua-se a partir de 2010, como reflexo da crise econômica mundial, evidenciando-se que a evolução econômica dos países mais pobres é um fator de sobrevivência das nações mais ricas do globo. E desconsiderar isso é correr o risco de retroceder a patamares de desenvolvimento de um século atrás, como apontaram muitos especialistas, uma vez que o mundo chegou a um nível de interligação e interdependência tal que um acontecimento em determinado país, em qualquer parte do mundo, tem reflexos quase instantaneamente em outros países, trazendo consequências para a população mundial.

A crise financeira global que se iniciou nos Estados Unidos da América em 2008 a princípio parecia ser a crise dos "americanos" (o que por si só já era suficiente para ser a maior e mais grave das últimas décadas). Contudo, já estava disseminada em quase todos os países do mundo e em grandes instituições financeiras, que, embora distantes dos Estados Unidos, também se contaminaram ou se comprometeram seriamente com os mesmos títulos, oriundos de dívidas e de promessas de pagamento por parte da população devedora.

Por ironia do destino, tais títulos eram originários desses países do Primeiro Mundo, principalmente dos Estados Unidos, que não podiam cumprir com a promessa de pagamento de suas hipotecas e refinanciamentos bancários, provocando um rombo de proporções desconhecidas e comprometendo a estabilidade financeira de instituições até pouco tempo atrás consideradas inabaláveis.

Essa crise originou a maior recessão desde o "*crash*" da Bolsa de Valores de 1929 na maior economia do planeta, que como um rastilho de pólvora varreu o mundo todo, criando pressões e incertezas nos negócios e em todas as atividades geradas em torno deles. A eficiência se transformou na palavra de ordem e isso trouxe como consequência um acirramento da disputa por talentos.

Só então a repetida máxima: o ser humano é o nosso maior capital, até agora mais um discurso que uma prática, tornou-se um fato real e tangível, que não tem como não ser percebido como o fator de maior relevância para a questão de sobrevivência das organizações, diante da sofrida disputa por talentos, conforme já discutido. Embora desde o início da crise econômica mundial as taxas de desemprego tenham aumentado para os trabalhadores menos qualificados, principalmente nos

Capítulo 7 • Tendências do Futuro da Profissão

países mais afetados, as empresas em geral passaram a disputar aqueles profissionais que apresentam as competências requeridas e boa empregabilidade.

Até pouco tempo atrás, o capital mais valorizado nas organizações era o capital industrial, a tecnologia, os ativos, as patentes, a capacidade produtiva e os estoques. Dessa forma, devido à velocidade com que o mundo vinha se modificando, esse capital tangível, por ser facilmente copiado, foi deixando de ter o seu valor único, passando aos poucos a perder seu protagonismo, cedendo sua importância para o capital financeiro.

O mesmo aconteceu com o capital financeiro, que num dado momento veio a substituir em importância o paradigma anterior, ao tornar-se o ativo mais importante, sendo o novo diferencial tangível e fator crítico de sucesso para as organizações, valorização que fez com que os executivos que nela atuavam passassem a ser os mais bem remunerados em alguns setores de atividades, mesmo em detrimento das áreas que anteriormente eram tidas como principais. Isso porque aquelas que detinham maior capital, maiores reservas e fluxo de caixa tinham mais poder de inovação e de investimento em novos negócios. Entretanto, essa vantagem também começou a perder terreno na medida em que o mercado financeiro se agilizou para acompanhar essas mudanças de mercado e passou a volatizar-se, ganhando mais velocidade ao conectar-se a redes de clientes e parceiros, flexibilizando assim as formas de conceder financiamentos. As instituições financeiras diminuíram as exigências quanto às garantias, que antes eram obrigatórias, e passaram a oferecer taxas de juros menores. Empréstimos, financiamentos, *leasings* e hipotecas ficaram mais fáceis de conseguir. Sendo assim, o capital financeiro deixou de ser um capital tangível altamente diferenciador, perdendo força na capacidade de diferenciar valor.

Então, o diferencial competitivo transferiu-se para os conhecimentos, experiências e relacionamentos, características até então mais difíceis de serem medidas e por isso não tão valorizadas. Paradoxalmente, os trabalhadores, antes considerados em sua maioria como uma *commodity* descartável, passaram a ser chamados de capital humano.

Esse conceito supera os capitais diferenciadores mencionados anteriormente, já que é fácil constatar que essas três competências, oriundas da riqueza do ser humano, sem dúvida têm a capacidade de transformar-se no ativo mais valorizado e num diferencial competitivo difícil de ser substituído, uma vez que esses três determinantes são patrimônios não tão fáceis de imitar. E por serem de tão vital importância, rapidamente se situam no centro da estratégia das organizações.

Por essa razão, é de se esperar em breve o desenvolvimento de instrumentos capazes de medir com maior precisão o valor agregado dos ativos intangíveis. Recentemente, constatamos que alguns analistas financeiros já adotam práticas para avaliar o *goodwill* das organizações, ou seja, mostrar como está a saúde dessas instituições em termos de gestão do capital intelectual, governança corporativa e cultura interna, o que poderá levá-los a considerar um aumento patrimonial de até 30% do valor de seus ativos contábeis, deixando claro que o valor econômico das organizações integra os ativos intangíveis, que avançam e se consolidam mais rapidamente que os sem-

Capítulo 7 • Tendências do Futuro da Profissão

pre prestigiados e necessários tangíveis. Por essa razão, o desenvolvimento dos talentos e a gestão do conhecimento exigem novas estratégias e novos fatores para torná-los melhores, mais rápidos, engajados e de menor custo que os da concorrência, pois garantem a competitividade organizacional e sua sustentabilidade.

Os "novos fatores"* de competitividade organizacional que irão garantir a sustentabilidade das atividades vão depender principalmente das capacidades internas de:

- Revisão da relação emprego-trabalho que responda a essa nova realidade do mercado;
- Gestão do conhecimento, da experiência e do relacionamento das pessoas;
- Lideranças apoiadoras, estimuladoras e conselheiras;
- Flexibilização de políticas, controles e participações;
- Estabelecimento de "novos fatores" para atração, desenvolvimento, reconhecimento, compensação e retenção de talentos;
- Qualidade e direcionamento específico dos treinamentos técnicos e de desenvolvimento humano proporcionados aos colaboradores;
- Respostas proativas e consistentes aos direitos humanos e aos conceitos e definições de responsabilidade social e ambiental.

Essas capacidades internas, quando bem conduzidas, migrarão para uma cultura interna mais empreendedora, condição básica de sucesso dos novos tempos.

---

* Detalhado no livro Capital e Trabalho.

Figura 17: Cultura interna empreendedora

DO CICLO BUROCRÁTICO	PARA O CICLO EMPREENDEDOR
Liderança controladora	Estímulo à autogestão
Níveis de baixa tolerância a erros	Valorização do aprendizado e evolução contínua
Falhas na comunicação interna eficaz	Utilização do *feedback* para desenvolvimento
Clima de desconfiança	Clima de confiança e colaboração
Trabalho isolado	Trabalho em equipes multifuncionais
Foco nos indicadores de processos de RH tradicionais	Foco nos indicadores de resultados / estratégicos (o que não se mede não existe!)
Inadaptação ao cargo	Competências certas e *cross training* entre cargos-chave
Valorização de ambiente de trabalho *workaholics*	Desenvolvimento de cultura de trabalho flexível e com equilíbrio
Visão pontual	Visão sistêmica

É fácil entender que essas mudanças alteram a relação entre o capital-trabalho, sendo necessário atender aos novos valores e necessidades demandados principalmente pelas novas gerações de profissionais que estão chegando ao mercado de trabalho, fato já apontado em vários estudos, mas que infelizmente alguns gestores e especialistas na área de RH ainda têm dificuldade em aceitar.

Capítulo 7 • Tendências do Futuro da Profissão

A consciência de todas as capacidades internas, de valores alavancadores e também uma análise das oportunidades e ameaças externas passam a ser condição *sine qua non* para as empresas se destacarem neste momento do "novo recomeço", como está sendo chamado esse período de recuperação econômica pós-crise.

O que devemos chamar de uma nova cultura empreendedora passa pelo desenvolvimento de maior capacidade interna, diagnosticando e moldando os comportamentos em linha com sua estratégia de negócios e também entrando em sintonia com essa nova realidade de mercado, potencializando sua capacidade de atrair, desenvolver, reconhecer, recompensar e reter talentos.

De acordo com DAVIS e MEYER (*Blur – The speed of change in the connected economy*, 1999), nas próximas décadas o poder de escolha no sistema econômico, assim como no de consumo, tenderá a ser cada vez mais transferido das empresas para o indivíduo. Isso significa que o profissional passará a ser mais exigente, podendo escolher a oferta que melhor atenda aos seus valores e à sua realização profissional-pessoal, buscando maior equilíbrio entre a sua carreira e a sua vida, optando assim pela empresa onde gostará de trabalhar, considerando o tipo de cultura, desenvolvimento, qualidade de participação e reconhecimento.

Diante dessas tendências, não se pode correr o risco de ser pego despreparado, já que, para serem mais atrativas, reconhecidas, diferenciadas e sustentáveis, as empresas necessitam preparar-se para enfrentar essas mudanças e aproveitar as oportunidades trazidas por essa nova realidade do mercado, o que exige pessoas comprometidas e identificadas com a empresa.

Em síntese, pode-se dizer que a oportunidade de sucesso está diretamente relacionada à capacidade de antever e adaptar-se a essas novas tendências trazidas pelo mercado. As organizações necessitam moldar sua cultura interna, de modo a fortalecer a identificação e o comprometimento das pessoas.

Adaptações também relacionadas a constantes melhorias nas infraestruturas, a uma nova função do capital financeiro, a tecnologias amigáveis, que reforcem a realização do capital intelectual e numa relação íntima, harmoniosa e produtiva entre riqueza tangível e intangível, como indicado no quadro a seguir.

Quadro 16: Estruturação do capital intelectual

Capital humano + capital organizacional + capital da informação	
Capital humano	Capital intelectual = fusão dos ativos tangíveis com os intangíveis
Capital organizacional	Diagnóstico interno, governança corporativa, cultura, liderança, alinhamento e trabalho em equipe
Capital da Informação	Sistemas, base de dados, redes de comunicações, *softs* & *hardwares*
Capital intelectual = fusão dos ativos tangíveis com os intangíveis	

Certamente, essas transformações irão requerer uma grande visão de negócio e um enorme esforço de adaptação, tanto dos empresários e gestores quanto dos profissionais que atuam na área de RH. O desafio é extraordinariamente grande, mas sem dúvida trará benefícios exponencialmente superiores aos esforços e investimentos alocados.

Por essa razão, pode-se afirmar que o futuro, quando associado à realização, já chegou para os profissionais de Recursos Humanos, pois estão no melhor momento, já que, a partir de agora, se encontram diante da oportunidade única de refazer sua relação com o mercado de trabalho, partindo do princípio de que a coisa mais preciosa que detêm para isso é o seu ativo, o conhecimento, a experiência, a vontade de inovar e ainda seus relacionamentos e outras competências acumuladas ao longo dos anos de estudos e no exercício de suas profissões.

Resumo do Capítulo 7 TENDÊNCIAS DO FUTURO DA PROFISSÃO

- O caos e a pressão pós-recessão da crise econômica mundial que se evidenciou em 2010 intensificaram as transformações impostas ao mercado de trabalho pela globalização, criando com isso um ambiente de mercado definido como altamente desafiador;
- O mundo está vivenciando uma época de grande transformação, em que os modelos de negócios tradicionais já não servem mais e terão de ser redesenhados com enfoque no talento – o potencial humano tornando-se agora o maior agente do crescimento econômico;
- Os modelos de negócios visando somente à produtividade, à otimização de recursos e à busca incessante do lucro estão desgastados, ultrapassados e fadados à falência;

- Dentro dessa nova perspectiva, comprova-se que a forma de gestionar estrategicamente o capital humano mudou;
- Para enfrentar esse desafio, a área de RH está passando por fortes transformações, tanto em sua estrutura quanto em suas competências, já que seu papel está estreitamente associado ao desenvolvimento humano. O setor de RH é o princípio, o meio e o fim para a realização de algo novo e promissor;
- Os profissionais de Recursos Humanos têm, a partir de agora, a oportunidade única de refazer sua relação com o mercado de trabalho, valorizando seu conhecimento, sua experiência, seus relacionamentos, a vontade e a coragem de fazer diferente;
- Como nunca, existem muitos "compradores" interessados no trabalho qualificado, o que torna as atividades de RH vitais para o sucesso, permitindo a esses profissionais uma posição estratégica sustentável e reconhecida;
- E somente atuando de maneira inovadora, sistêmica, antenada e visionária é que os profissionais de RH serão uma peça indispensável na engrenagem da organização, com o consequente ganho de prestígio, valor e realização.

Este livro é dedicado a todos os profissionais de Recursos Humanos, que realizam um trabalho desafiador, orientado pela competência, vocação e muita paixão.

Justiça final

Algumas pessoas tocaram o portão celestial.
Todas tinham a face envelhecida e
marcada por cicatrizes.
Encontravam-se, finalmente em pé diante
do Decano do Destino para ser admitidas
no Reino dos Céus.
O que vocês têm feito para justificar
sua entrada no Reino.
Perguntou São Pedro.
"Nós temos trabalhado em Recursos
Humanos, Senhor, por anos e anos a fio."
O portão, cor de pérola, abriu-se
completamente e São Pedro fez soar o sino.
"Entrem e escolham suas harpas.
Vocês já cumpriram as suas cotas
de Inferno", disse Ele.

      Autor desconhecido

Relação das figuras e dos quadros ilustrativos

Figuras:

1. Melhores Práticas de Pessoal (MPP) - 1990
2. Consultoria Interna de RH (CIRH) - 2000
3. Gestão do Capital Humano - 2010
4. Valor Agregado ao Negócio - 2010
5. Sócio Estratégico do Negócio - 2010
6. Elementos do Plano Estratégico
7. Mapa Estratégico de Triplo resultado da Amanco
8. Plano de Ação - Formato 5W2H
9. Matriz FOFA ou *SWOT*
10. Matriz de Priorização
11. Fatores Impulsionadores
12. Mapa Mental da área de RH
13. Iniciativas e Indicadores de Resultados de RH

14. Plano Estratégico - Gerência de Uma página
15. Plano Estratégico - Mapa Mental
16. Plano Estratégico - *Balanced Scorecard*
17. Cultura Interna Empreendedora.

Relação dos quadros:

1. Atividades típicas de RH
2. Atividades típicas de DP
3. Responsabilidades típicas de RH
4. Responsabilidades típicas de DP
5. Definições e exemplos de Visão e Missão
6. Exemplos de Missões de RH
7. O ciclo *PDCA* de Shewhart ou ciclo Deming
8. Novas Competências de Profissionais Globais
9. Indicadores de Resultados de RH
10. Os 5 PORQUÊS
11. O Plano de RH de Uma página
12. *PIM - Performance Indicator Management*
13. Os primeiros passos de RH estratégico
14. Visão sistêmica do processo de planejamento de GSK
15. Ações exigidas para obter o *status* de *Business Partner*
16. Estruturação do Capital Intelectual.

Referências bibliográficas

AMARAL, Tarsila do. *Operários. São Paulo: Óleo sobre tela*, Acervo do governo estadual de São Paulo, 1933.
BAXTER HEALTHCARE, Chicago, USA. Disponível em: <http://www.baxter.com>
CORTELLA, Mário S. *Qual é a tua obra*. 7ª ed. São Paulo: Editora Vozes Ltda., 2007.
CHRISTENSEN, Ralph. *Roadmap to strategic HR*. EUA: Amacom / AMA, 2006.
DAVIS, Stan; MEYER, Christopher. *Blur "The speed of change in the connected economy",* EUA-Warner Books, 1999.
GRATTON, Lynda. *Estratégias de Capital Humano*. England: Prentice Hall, 2001.
GLAXOSMITHKLINE, Rio de Janeiro. Disponível em: <http://www.gsk.com.br>
HUMAN CAPITAL SOLUTIONS, São Paulo. Disponível em <http://www.doers.com.br.>, Acesso em: out. de 2014.
KAPLAN, Robert; NORTON, David. *Mapas Estratégicos*. Rio de Janeiro: Elsevier Editora Ltda., 2004.

LEAR CORPORATION, Detroit, USA. Disponível em: <http://www.lear.com>

MANPOWER INC, EUA. Disponível em: <http://www.manpower.com>, Acesso em: fev. de 2013.

MELHOR GESTÃO DE PESSOAS. Revista oficial da ABRH-NACIONAL, HAY GROUP (Autorretrato Corporatvo). São Paulo: Edição Especial do CONARH, 2013.

MERCER, EUA. Disponível em: <http://www.mercer.com/home>, Acesso em: março, 2013.

MEXICHEM, México. Disponível em: http://www.mexichem.com

OGLIASTRI, Enrique. *Manual Planificación Estratégica.* 5ª ed. Costa Rica: INCAE, 2004.

SAGITTA FOR TRAINING, São Paulo. Disponível em: <http://www.sagittadesenvolvimento.com.br.>, Acesso em: jan.-nov., 2014.

SENGE, Peter. *A quinta disciplina.* 2ª ed. São Paulo: Editora Campus Ltda., 2000.

ULRICH, Dave. *Human Resource Champions.* EUA: Harvard College,1997.